영포는 없다

어순 감각 트레이닝으로 영어를 모국어처럼 익힌다

이 세 훈 **지음**

대경북스

1판 1쇄 인쇄 2024년 4월 12일
1판 1쇄 발행 2024년 4월 17일

지은이 이세훈

발행인 김영대
펴낸 곳 대경북스
등록번호 제 1-1003호
주소 서울시 강동구 천중로42길 45(길동 379-15) 2F
전화 (02)485-1988, 485-2586~87
팩스 (02)485-1488
홈페이지 http://www.dkbooks.co.kr
e-mail dkbooks@chol.com

ISBN 979-11-7168-039-9 03740

들어가는글

국어와 어순이 다른 영어 문장을 떠올려
활용하는 핵심, 어순 감각

어순'은 말 그대로 '말의 순서'를 뜻한다. 문장 내에서는 개별 단어의 순서이다. 나라마다 언어의 순서는 자체의 고유한 규칙을 따른다. 우리말과 영어의 어순 차이는 다른 나라 언어에 비해 커서 우리나라 사람이 영어를 배우기 어려운 주된 이유이다.

영어 어순에 대한 감각이 형성되지 않으면 영어식 사고를 하는 데 상당한 제약이 뒤따르게 된다. 물론 영어를 자주 말하고, 쓰고, 읽고, 들으면 저절로 그 규칙이나 어순을 터득할 수도 있다. 영어를 매일 사용하는 원어민이나 영어를 제2 언어나 공용어로 활용하는 ESL(*English as a Second Language*) 환경의 국가에서나 적용 가능한 일이다.

한편 영어를 모국어처럼 매일 사용할 수 없는 우리 같은 환경, 전형적인 EFL(*English as a Foreign Language*) 상황에서 어순 감각을 스스로 터득하는 것은 말처럼 쉬운 일이 아니다. 체계적인 계획과 연습으로 '영어 어순 감각'을 집중적으로 체득해야 할 이유가 여기에 있다.

전형적인 EFL 환경에서 영어를 익히고 배우는 데 필요한 가장 기본적인 학습이 무엇일까? 문법일까? 듣기일까? 아니면 읽기일까? 물론 이런 부분도 나중에는 꼭 필요하지만 가장 선행되어야 할 영어 학습이 바로 우리 나라말과 결정적으로 차이가 나는 영어의 '어순 감각'을 익히는 것이다.

영어의 어순을 거의 의식하지 않고서도 매일 영어를 활용할 수 있는 환경으로 가거나 그렇지 못할 경우 체계적인 트레이닝을 통해서 집중적으로 영어의 어순 감각을 체득하면 된다.

영어는 크게 두 가지 관점에서 우리 말과 확연히 다르다. 그 결정적인 차이(gap)을 알고 그 차이를 메꾸어 나가면 된다. 영어는 문장 내에서 단어의 순서에 따라서 의미가 달라지고, 순차적으로 생각하는 언어라는 점이다.

일본어는 배우기 쉬운데, 영어는 상대적으로 배우기 어렵다는 말을 종종 들을 수 있다. 가장 큰 이유는 바로 '어순'의 차이 때문이다. 일본어와 우리말은 어순이 같아서 문장을 만들거나 회화하는 것이 비교적 쉬운데 반해 영어와 우리말은 어순이 확연하게 달라서 처음부터 단어 배열이 어렵고 어색하다. 반면에 중국인들이 상대적으로 영어를 쉽게 배울 수 있는 이유는 영어와 어순이 유사하기 때문이다.

예를 들어 '나는 너를 사랑한다.'라는 표현은 주어＋목적어＋동사 어순인데 비해, 영어는 'I love you.'로 주어＋동사＋목적어순이다. 이 결정적인 차이가 우리가 영어를 배우기 어려운 주된 원인으로 작용한다.

한편, 'I love you.'라는 표현은 누구나 알고 말할 수 있다. 그 이유는 뭘까? 짐짓 국어와 영어의 어순을 의식하지 않고서도 무의식적으로 사용할 수 있기 때문이다. 너무나 당연한 말 같지만 여기에 영어 학습의 비밀이 숨겨져 있다. 매일 영어를 활용할 수 없는 환경에서 체계적인 계획과 집중적인 트레이닝으로 영어 고유의 어순 감각을 익히면 된다는 사실이다.

우리말과 영어의 결정적인 차이 두 번째는 영어는 순차적으로 생각하는 언어라는 점이다. 순차적 사고는 물리적으로 가까운 것에서 먼 것까지 혹은 시간 순으로 차근차근 설명하는 방식이다. 예를 들어 '내가 도서관에 간다.'라는 말은 영어로 'I go to the library.'로 표현한다. 주인공인 내가 가고 결국 도서관에 도착한다는 것이다.

한편 우리말은 주인공인 '나'가 나오는 것은 동일하지만 목적지인 도서관이라는 말이 바로 나온다. '간다.'라는 표현이 문장 마지막에 나온다. 우리말은 시간적 혹은 공간적 순서에 따른 언어라기보다 목적 중심의 언어라는 것을 알 수 있다.

이러한 구조적인 문제를 극복하고 해결할 수 있는 솔루션은 지금 당장 순차적인 표현을 익힐 수 있도록 영어 어순 감각 트레이닝을 하는 것이다. 영어의 원리를 자연스럽게 습득할 수 있도록 체계적인 계획과 연습으로 영어 글쓰기를 하면 영어 말하기의 정확도도 향상된다. 대부분의 사람들이 생각하는 단어, 문법, 독해도 물론 필요하다. 하지만 그동안 간과하고 있던 영어의 어순 감각이 기본이 된다는 점에 주목할 필요가 있다.

영어 문장의 구성 원리, 즉 영어 고유의 어순과 문장이 이루어지는 순서를 깨닫고, 그 순서대로 글을 쓰고, 말을 할 수 있는 트레이닝을 체계적으로 해 나가면 훨씬 더 영어를 쉽고 빠르게 체득할 수 있다.

영어 어순 감각 트레이닝은 '영어 문장의 결정적인 패턴 매트릭스'를 바탕으로 영어 어순을 기초 단계에서부터 중급/고급 단계로 연습할 수 있도록 설계하였다. 심플해 보이지만 영어 문장 구성의 핵심을 관통하는 원리에 바탕을 둔 꾸준한 트레이닝으로 영어 어순 감각을 체득할 수 있다.

2024년 3월

저자 이 세 훈

차 | 례

들어가는 글 _ 국어와 어순이 다른 영어 문장을 떠올려
　　활용하는 핵심, 어순 감각 ······················· 3

제1부 이론편(초급단계)

제1장 언제까지 영어 공부만 하고 있을 것인가?

10년 이상 공부해도 영어가 안 되는 이유 ·······················15
영어 학습 원리, 인풋과 아웃풋의 황금 비율 ·······················18
자신이 알고 있는 표현부터 아웃풋 하라 ······················· 23
영어 아웃풋의 장점과 기대효과 ······················· 27

제2장 어순 감각 트레이닝으로 아웃풋하라

통하는 영어의 핵심 원리, 어순 감각 ·······················35

영어, 명사 중심 vs. 국어, 동사 중심 언어 ································ 40

어순 감각 트레이닝, 영어의 결정적 패턴 매트릭스 ············· 43

영어 정복 지름길, 어순 전환 트레이닝 ····························· 49

제2부 실전편(고급단계)

Warming up – 단어의 품격과 역할 ································ 69

제3장 어순 감각 내비게이터 :
명사 그룹 위치 및 표현

명사 그룹 위치 감지와 표현하기(주어/목적어/보어) ············· 83

주어 위치 표현하기 ····························· 84

제4장 형용사 그룹 위치 표현하기

형용사 그룹 위치' 표현하기 ····························· 119

단어로 형용사 그룹 위치 표현하기 ························· 119

제5장 어순 감각 내비게이터 :
동사 그룹 위치 및 표현

Be 동사 : be + 명사 ··· 147

be 동사 + 형용사 보어 ··· 157

변신한 타동사 ··· 163

일반동사 ··· 177

 동사 위치를 자구(동사+ing/동사_ed)로 표현하기 ············ 177

 동사 위치를 타구(동사+ing/동사_ed)로 표현하기 ············ 181

 직접 목적어 거느리는 타동사 ································ 182

제6장 어순 감각 내비게이터 :
부사 그룹 위치 및 표현

부사그룹 위치 표현하기 ··· 191

답안지 ··· 209

제1부

이론편
(초급단계)

제1장

언제까지 영어 공부만 하고 있을 것인가?

10년 이상 공부해도 영어가 안 되는 이유

유치원에서 대학교까지 10년 이상 영어를 공부했는데도 원어민을 만나면 그 위치서 얼버무린다. 입술이 위아래로 딱 붙어 버리고, 순간 머릿속이 텅 빈 느낌마저 든다. 토익 900점이 넘어도 원어민과 대화할 때 움찔거리는 경우도 있다. "How are you?"라는 질문에 "I'm fine, thank you. and you?"하고 나면 더 이상 할 말이 없다.

영어를 10년 넘게 공부해도 영어를 정복하지 못하는 이유는 크게 3가지다.

첫째, 영어를 원어민처럼 유창하게 해야 한다는 강박관념 때문이다. 내 영어 발음이 구리지 않을까 하는 우려로 입도 뻥긋하지 못한다. 그와는 반대로 원어민처럼 보이기 위해 너무 혀를 꼬거나 굴리기도 한다. 영어 족보에도 없는 발음으로 원어민을 당황케 하고, 자신의 발음을 알아듣지 못한다며 황당해 한다.

또한 수업 시간에 배운 문법에 틀리지 않게 완전무결한 문장을 말해야 한다는 자의식에 사로잡혀서 그렇다. 영어를 10년 이상 접한 사람이라면 영어로 일상대화 정도는 구사할 수 있는 잠재력이 있다. 원어민처럼 유창하게 하려는 완벽주의가 영어 말하기를 가로막는 주범이다.

둘째, 영어 문장을 놓고 5형식이니 to 부정사의 3가지 용법이니 하면서 분석 중심 문법과 현란한 문법 용어로 잘못 배워서 그렇다. 영어 문법은 본래 수학의 공식과 같다. 수학공식을 이용해서 문제를 쉽게 풀듯이 영어 문장을 해석하고 활용하는 공식처럼 영어를 쉽게 배우고 익히는 데 있다.

그런데 학교에서 잘못 가르치는 영문법은 오히려 영어를 포기하게 하고 말문을 막아버리는 역기능을 한다.

'to 부정사의 명사적 용법, 형용사적 용법, 부사적 용법'

영어 문법을 설명하는 한국말이 더 어렵다. 멀쩡하게 일상 대화를 곧 잘하던 어린이나 성인들도 영문법 용어들을 듣고 배울수록 영어의 적(enemy)이 되는 경향이 있다.

영문법 용어가 어색하고 어렵게 느껴지는 이유는 영어 원서를 번역하지 않고, 일본의 영어 문법서를 번역하면서 생겨난 부작용이다. 일본의 한자식 용어들을 번역하다 보니, '명사적, 형용사적, 부사적'과 같이 적(的)이라는 어색한 표현이 나온 것이다.

마지막으로, 영어 독해 위주의 학습으로 정작 우리말을 영어로 표현하는 영작이나 영어 말하기에는 익숙하지 않은 탓이다. 한국어를 모국어로 하는 사람들, 특히 13세 이상부터 성인들은 자신이 생각한 바를 바로 영어로 내뱉는 데 한계가 있다.

모국어인 한국어의 간섭이 있기 때문에 자신이 생각한 바를 국어에서 영어로 변환하는 과정을 거치기 마련이다. 영어를 국어로 해석하는 독해 중심에 익숙해져 역으로 국어를 영어로 순간 변환하여 말로 표현하는 데 어려움을 겪는다. 영어 문장의 핵심 구조를 파악하고, 스스로 영어 문장을 만들어 글로 써보고 입으로 표현하는 훈련이 필요한 이유이다.

영어 학습 원리,
인풋과 아웃풋의 황금 비율

'심은 대로 거두리라'는 경구는 영원불변의 진리이다. 이는 인풋과 아웃풋의 작동 원리를 정확하게 설명해준다. 인풋이 없는 경우에 아웃풋도 없다. 인풋에 투자하지 않고 아웃풋이 변변치 않다고 불만을 토로해서는 안 된다. 그렇다고 무작정 인풋에 많은 시간을 투자한다고 해서 자기 성장이나 성공에 도움이 될 만큼의 아웃풋을 기대하기도 어렵다.

자기 계발의 인풋과 아웃풋의 효율적인 비율은 얼마일까? 자기계발 분야마다 약간의 차이는 있겠지만, 적정한 인풋과 아웃풋의 비중은 인풋 30%, 아웃풋 70%이다. 인풋 대비 아웃풋이 2배 정도 되어야 스스로 공부한 흔적이 장기기억에 축적된다.

장기기억에 저장되어야 나중에 불러내어 활용할 수 있다.

반면에 영어 공부에 매진하는 학습자들이 참석한 온라인 세미나에서 설문 조사를 해보면 어휘, 문법, 독해 등의 인풋이 80%, 말하기, 쓰기 등 아웃풋이 20%에 불과하다. 영어 수준이 올라갈수록 인풋과 아웃풋의 균형 잡힌 학습이 더욱 필요하다. 이런 균형이 한쪽으로 치우친다면 현재의 수준을 유지할 수는 있지만, 더 이상 실력이 향상되지 않는 결과를 가져올 수 있다.

영어공부를 할 때 어휘, 문법, 독해 등 영어 관련 지식을 습득하는 인풋(input) 학습에는 익숙하다. 인풋을 위해서는 책을 보고, 교재를 들으며 스스로 학습해야 한다. 반면에 자신의 생각이나 의견을 글이나 말로 표현하는 영어 아웃풋(output)에는 능숙하지 않다.

그렇기 때문에 새로운 표현을 많이 읽고 그것을 암기하는 인풋 중심의 학습이 아니라, 원어민을 듣고 따라하는 섀도잉 연습도 필요하다. 한편 섀도잉 연습은 이미 주어진 상황에서 무작정 따라하기에 가깝다. 섀도잉 연습을 했던 상황이 실제 영어를 사용하는 현장과 동일하게 재현된다는 보장이 없다. 그래서 영어 어순에 맞게 스스로 문장을 만들어 글로 써보고 입으로 표현하는 아웃풋 트레이닝이 더 중요하다.

인풋과 아웃풋의 비중을 초기에는 8 대 2 혹은 5 대 5로 하다가 점진적으로 3 대 7의 비율로 아웃풋의 비중을 높여가면 효과적이다. 해외에 유학을 가거나 해외 연수를 가지 않은 상황에서 매일 영어로 말할 기회가 없다면, 영어 글쓰기를 통해 아웃풋하면 된다. 영어로 글쓰기를 하면서 입으로도 연습을 하면 운동기억으로 장기 기억에 저장된다. 그래야 필요한 상황에서 학습했던 문장 패턴들을 무의식적으로 활용할 수 있다.

외국어 습득은 단순한 인풋만으로는 이뤄지지 않는다. 우리나라 사람에게는 회화도 입으로 하는 영작이다. 처음에는 짧은 문장을 즉시 말하기로 아웃풋하면 된다. 그러다가 점점 길고 복잡한 문장을 글로 써보면서 자신이 부족한 문법이나 단어 등을 익히고 보완함으로써 아웃풋의 질을 높여가면 된다.

머리로만 아는 데 그치지 않고 자신이 생각한 바를 글로 써보고 입으로 말하는 과정을 꾸준히 실행함으로써 뇌의 장기기억과 혀와 입의 신경세포에 체화될 때까지 아웃풋의 비중을 높여가야 한다. 이렇게 함으로써 어휘, 문법, 독해와 스피킹, 영작 사이의 고리가 연결되어 유창한 커뮤니케이션으로 이어질 수 있다. 아웃풋의 비중을 70% 이상 늘려 갈수록 실제 상황에서 외국어 문장에 더 익숙해지고 활용하는 능력이 향상됨을 경험할 수 있다.

기존 외국어 학습 습관이나 관성에 따라 사전을 찾아보고, 좀 더 집중해서 하는 인풋이 진중한 공부로 느껴질 수 있다. 아웃풋은 공부라기보다 부담 없는 대화의 시간으로 생각할 수 있다. 시간이 흐를수록 다른 사람과 대화를 하는 아웃풋에 집중하는 게 더 쉽게 느껴지기 때문이다. 다들 영어회화 학습에 인풋*(듣기)*와 아웃풋*(말하는 연습, 대화)*의 균형 잡힌 학습이 효과적이라는 데는 대체적으로 공감할 것이다.

한편 문장이 조금만 길어지고 복잡해지면 입으로 내뱉는데 한계를 느끼게 된다. 이럴 때는 즉각적으로 입으로 내뱉는 것보다 영어 어순에 맞게 단어를 배열하고 글로 써보는 아웃풋 방식이 더 효과적이다. 글로 써 본 후에 입으로 말하는 순서로 차근차근 복잡한 문장도 정복해 나가면 된다.

영어 학습에도 인풋과 아웃풋의 비율을 기존 방식대로 8 대 2에서 2 대 8로 늘려가는 것의 중요성을 깨닫고 그치는 게 아니라 실천하는 것이 더 중요하다. 인풋과 아웃풋이 따로 노는 것이 아니라 인풋과 아웃풋을 연결하면서 아웃풋의 비중을 늘려 가는 것이 핵심이다.

아웃풋 영어 학습법은 완전학습 원리에 근거한 '인풋*(습득)* → 처리*(터득)* → 아웃풋*(체득)*'의 학습 시스템이다. 이는 소화 프로세스에 비유할 수 있다. 음식을 소화시키기 위해서는 우선 음식을 입으로 먹는 것처럼 지식을 받아들여야 하는데, 이 단계가 '인풋으로서 습득'이다.

음식이 입을 거쳐 위에서 분해되고 소화액과 섞이는 것처럼, 습득한 지식의 내용을 해체하고 자기의 배경 지식과 융합

영어 학습 원리, 인풋과 아웃풋의 황금 비율

해서 이해해야 하는데, 이는 '처리 프로세스로서 터득'이다. 그리고 이들이 더 용해되어 정리된 내용으로 장기 기억에 저장되고 자신의 지식으로 언제든 활용 가능하게 되는 과정이 '아웃풋으로서 체득'이다.

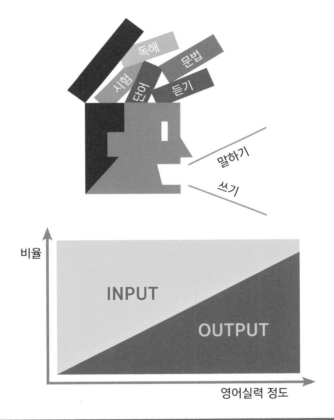

외국어 학습 인풋 : 아웃풋 = 3 : 7

자신이 알고 있는 표현부터 아웃풋하라

I love you.

영어와 높은 담을 쌓은 영포자라도 "아이 러브 유!" 정도는 가볍게 영어로 말할 수 있다. 당신이 "아이 러브 유!"라고 표현할 수 있다면 다양한 영어 문장 형태 중 대부분을 알고 있는 거나 마찬가지다.

즉 '누가(무엇이) + 한다 + 무엇을'이라는 형식이 영어 문장의 80%를 차지하기 때문이다. 소위 문장의 5형식 중 3형식(주어 + 동사 + 목적어)이 영어 문장의 핵심 형태나 구조라고 할 수 있다. '누가, 한다, 무엇을'이라는 문장 구조에 익숙해지면 막힘없이 자신의 생각을 영어로 표현할 수 있다.

영어에는 우리말의 조사가 없기 때문에 단어를 나열하는 순서가 중요하다. 단어의 순서를 줄임말로 '어순'이라고 한다. 영어를 잘하기 위해서는 우리말의 순서와 다른 영어의 어순 감각을 익혀야 한다. 최소한의 단어로 쉽고 간편한 문장을 만들어 표현하면 실수를 줄이고 통하는 영어를 할 수 있다.

그렇다고 영어는 어떻게든 단어만 늘어놓으면 그만이라는 생각은 오해이고 착각이다. 길거리에서 외국인을 만났다. 점심을 어디에서 먹느냐고 물어서 "나는 집에서 점심을 먹는다."라고 영어로 답변한다.

나는 집에서 점심을 먹는다.

I   home   lunch   eat

위에 우리말은 의미가 통하는 문장이지만 영어 문장은 잘못된 문장이다. 영어 문장에는 우리말의 조사(~는. ~에서, ~을, ~ㄴ다)가 없기 때문이다. 위에 영어 문장을 그냥 순서대로 해석하면 '나, 집, 점심, 먹어'가 된다. 집을 먹는지, 점심을 먹는지, 나를 먹는지 헷갈린다.

한편, 우리말은 조사나 토씨가 있어서 개별 단어의 순서를 바꿔도 쉽게 이해할 수 있다.

집에서 / 점심을 / 먹는다 / 나는

나는 / 점심을 / 먹는다 / 집에서

먹는다 / 집에서 / 나는 / 점심을

우리말과는 달리 영어에는 조사나 토씨가 없다. 조사나 토씨가 없는 대신 자주 쓰는 조사는 단어의 순서에 따라 자연스럽게 따라 붙는다. 첫째 단어에는 누가, 두 번째 단어에는 한다, 세 번째 단어에는 무엇을이라고 순서에 따라 조사나 토씨가 붙는 방식이다.

I home lunch eat를 바르게 배치하면 다음과 같다.

누가 – 한다 – 무엇을

I - eat - lunch

여기까지는 단어의 순서를 반드시 지켜서 배치하고, 그 뒤에는 순서에 관계없이 말해도 무방하다. 집에서는 at home, 목요일에는 on Thursday, 친구들과는 with friends. 장소, 방법, 시간의 순서대로 배치하면 좋다(장/방/시 줄임말로 기억하고 순서대로 영어 단어를 배열하면 편리하다).

I eat lunch (at home) (with friends) (on thursday.)

(장소)　　　(방법)　　　(시간)

매번 반드시 장소/방법/시간의 순서대로 배치할 필요는 없다. 강조하고 싶은 내용에 따라 배치하면 그만이다. 점심을 '친구들과' 먹었다는 점을 강조하고 싶으면 먼저 배치하면 된다.

I eat lunch (with friends)(at home)(on thursday.)

(방법)　　(장소)　　(시간)

복잡한 문법 용어를 남발하는 그럴듯한 '폼생폼사' 영어는 필요 없다. 영어 문장의 핵심 구조를 알고 순서에 따라 단어를 써보고 입에 붙을 때까지 반복 연습이 필요할 뿐이다. "아이 러브 유!"를 부담 없이 듣고 말할 수 있는 이유는 수없이 듣고 스스로 소리 내어 말을 해본 경험이 있어 자연스럽게 체화된 문장이기 때문이다.

머리로 영어 문장의 순서를 아는 데만 그쳐서는 그 문장이 온전히 자신의 것이 될 수 없다. 스스로 영어 어순에 맞게 문장을 만들어서 손으로 써보고 소리 내어 표현하는 연습이 필요하다. 그 이상, 그 이하의 어떤 영어 비법도 존재하지 않는다. 우리나라 말과는 다른 영어의 핵심 어순을 알고 반복 연습으로 체화하라!

영어 아웃풋의 장점과 기대효과

영어의 4대 분야인 듣기/말하기/읽기/쓰기 중에 듣기와 읽기 분야가 뇌에 입력하는 인풋이고, 쓰기와 말하기 분야가 입력된 것을 출력하는 아웃풋이다.

바다의 습기가 증발하여 구름이 되고, 구름이 조건이 맞으면 비가 되어 강을 이루고 다시 바다로 흘러간다. 이런 자연의 순환을 통해 만물이 생명을 유지하고 열매를 맺듯이, 영어 학습도 읽고 듣는 인풋만이 아니라 말하기와 글로 쓰는 아웃풋이 동시에 이루어질 때 뇌와 혀의 근육 속에 체화될 것이다. 그래야 익힌 바를 자연스럽게 활용할 수 있다.

한편 영어 문장을 듣고 말하고 읽을 수 있다 하더라도, 자신의 생각을 글로 표현하지 못한다면 언어 역량이 완전하다고 할 수 없다. 전문 분야의 콘텐츠가 아닐 경우 대학 졸업자나 그렇지 않은 경우 말하기 내용이나 수준에는 큰 차이가 없다. 문법에 조금 어긋난 말을 했다고 해서 커뮤니케이션에 크게 장애가 되지 않는다.

한편, 영어로 글쓰기는 아무리 짧은 문장을 써도 그 사람의 외국어 역량이 바로 드러나기 때문에 문법에 적합하지 않은 문장을 쓰면 커뮤니케이션에 이슈가 발생한다. 영어 아웃풋으로서 글쓰기는 말하기/듣기/읽기 등과 직접적인 연관성을 갖고 있으며, 영어로 글쓰기 능력이 향상되면 다른 영역의 언어 역량도 고루 향상시킬 수 있는 매주 중요한 언어 역량이다.

국어와 근본적으로 어순이 다른 영어의 어순을 중심으로 한 영어 아웃풋으로서 글쓰기의 장점과 기대 효과는 다음과 같다.

1. 한국어와 영어의 구조적인 차이를 파악할 수 있다*(어순 감각 트레이닝의 효과)*.

2. 영어구조를 명확하게 파악하기 때문에, 빠른 독해*(스키밍)*과 정확한 독해가 가능하다.

3. 자연스럽게 영어 문법을 습득하고 심화할 수 있다*(기존 문법 지식을 복기하는 효과)*.

4. 객관식 문제만 푸는 학습자보다 훨씬 수준 높은 글을 쓸 수

있다.

5. 어휘력도 덩달아 높아진다 *(한국어로 글을 많이 쓰는 사람은 한문을 모르더라도 음절만으로도 단어의 뜻을 미루어 짐작할 수 있는 원리와 유사하다)*.

이처럼 영어 어순을 중심으로 한 아웃풋으로서 글쓰기 역량이 영어 학습의 다른 영역과 밀접하게 연관되어 있다. 오랫동안 문법/독해 위주의 영어 공부를 한 사람들은 듣기/말하기 역량이 조금 떨어져도 영어 글쓰기는 자신이 있다고 착각하는 경우가 많다. 하지만 그런 사람들이 쓴 글에서 오류를 제법 발견할 수 있다.

대부분의 원어민, 특히 미국 사람들은 고등학교만 졸업해도 나름 수준 있는 글을 쓴다. 미국 교육 체계에 초등학교 저학년부터 자신의 생각을 글로 표현하는 커리큘럼이 반영된 탓이다. 그들의 쓰기의 종류에는 하루 일과를 정리하는 저널, 일과에 대한 자신의 생각이나 소감을 정리하는 일기, 독서 후 내용을 요약하고 소감을 정리하는 독후감 등이 있다.

우리나라 교과 과정과는 다르게 특정 인물에 대한 조사 후 작성하는 전기문, 상상력을 일으키는 스토리 쓰기, 과거와 현재의 상황을 기반으로 미래의 계획이나 자신의 비전을 피력하는 에세이 등이 있다.

이중에서 영어를 모국어가 아닌 외국어로 배우는 영어 학습자들에게 어순 감각 체득을 위한 영어 아웃풋 홈 트레이닝으로 영어 일기 쓰기가 중요한 의미를 갖는다. 왜냐하면, 영어 글쓰기와 말하기는 긴밀한 상관관계가 있기 때문이다. 미국 유치원 어린이들도 글자를 쓸 줄 몰라도 그림을 그려가며 일기를 쓴다.

단어 하나라도 자신의 생각을 매일 글로 표현하는 아웃풋 습관을 형성하는 것은 말하기로 아웃풋을 향상시키는 데도 매우 중요하다. 아웃풋으로서 영어 회화는 듣기/읽기/쓰기와 병행할 때 더욱 향상될 수 있다. 특히 영어 어순 중심의 쓰기는 영어 학습자의 말하기를 완벽한 상태의 말하기로 발전할 수 있도록 하는 촉매 역할을 한다.

영어 어순 감각을 체득하기 위한 홈 트레이닝으로서 아웃풋 활동인 영어 일기 쓰기의 효과는 다음과 같다.

먼저 영어 어순에 맞게 일기를 쓰면, 자신의 생각을 글로 쓰기 위해 영어로 많이 생각해야 되므로 자연스럽게 사고를 정리하는 능력이 덤으로 생긴다.

다음으로, 영어 일기 쓰기로 피상적으로만 알고 있던 머릿속 문법을 꺼내어 실생활에 사용 가능한 문장으로 만드는 역량이 생긴다.

마지막으로 매일 일기를 쓰면서 상황에 적합한 영어 단어와 숙어를 떠올리는 아웃풋 트레이닝을 함으로써 순간순간 단어 연상 속도가 빨라져 영어 말하기가 하루가 다르게 향상된다.

이런 맥락에서 매일 한 문장이라도 영어 어순을 염두에 두고 영어 일기 쓰기로 아웃풋 습관화하면 쓰기 능력뿐만 아니라 영어로 사고하는 습관을 덤으로 얻을 수 있다. 나아가 해외여행을 가거나 클라이언트를 상대로 협상이나 컨퍼런스 콜을 할 때도 상황에 맞는 단어들을 즉시 떠올려 영어 어순에 맞게 내뱉음으로써 영어 스피킹 실력도 동시에 향상시킬 수 있다.

제2장

어순 감각 트레이닝으로
아웃풋하라

통하는 영어의 핵심 원리, 어순 감각

통(通)하는 영어의 핵심 원리를 마스터하느냐 마느냐는 영어 어순에 맞게 단어들을 배치하는 꾸준한 훈련으로 결정된다. 특정 단어가 들어가야 할 위치 값을 알고 거기에 적합한 한 단어나 두 개 이상의 단어를 묶어서 배치하면 된다. 짧은 문장에서는 영어 어순에 따라 한 단어를 배치하면 그만이다.

한편, 문장이 길어지고 복잡해져도 영어 어순에 따른 위치 값을 알고 두 개 이상의 단어로 이루어진 구(句)나 문장 형태의 절(節)을 한 묶음으로 배치하면 된다.

영어 문장이 길어지고 복잡해지는 이유는 동사가 반란을 일으켜 변신하여 동사 위치 아닌 다른 위치를 탐하기 때문이다. 동사(동사) 위치를 탈출하여, 주어, 목적어, 보어 위치를 헤집고 다니기 때문에 문장 내에 동사가 마치 2개처럼 보여 혼란을 주기 때문이다.

대표적인 예로, 동사 앞에 **to**를 붙이거나, 동사 뒤에 ~**ing**나 **-ed**를 붙이고, 명사처럼 문장에서 주어인 척, 목적어인 척, 보어인 척하면서 혼란을 주는 방식이다. 동사의 화려한(?) 변신에 홀려서 영어 학습에서 좌절을 느끼고, '영포자'가 많이 배출되는 결정적인 지점이다.

'나는 야구를 좋아한다.'처럼 간단한 문장을 영어로 표현해 보자. 아래 2단계를 거치지 않아도 된다면 진심으로 축하한다. 바로 'I like baseball.'를 글로 쓰거나 바로 말할 수 있다면 영어 능력자가 될 수 있는 잠재력을 이미 가지고 있는 셈이다.

1단계 : 우리말을 영어 어순(주어+동사+목적어)에 맞게 고쳐 쓰기
 - 국어 어순 : 나는+ 야구를 + 좋아한다
 - 영어 어순 : 나는 + 좋아한다 + 야구를

2단계 : 영어 어순에 맞게 영어 단어 배치하기
　　　나는 + 좋아한다 + 야구를
　　　I　　　like　　baseball.

한편, 대화를 해 나가다 보면 야구 경기를 직접 하는 것을 좋아할 수도 있다. 야구 경기를 TV로 시청하거나 야구장에서 관람하는 것을 좋아할 수도 있다.

나는 야구하는 것을 좋아한다.

1단계	나는 좋아한다 야구하는 것을
2단계	I like play baseball.

I like play baseball. 이 문장이 맞는 표현인지 영어의 바다인 구글에서 검색하면 확인할 수 있다. 분명 'I like play baseball.' 이라는 문장으로 검색했는데, 검색 결과는 'I like **to** play baseball.'이 튀어 나왔다.

I like play baseball.

I like **to play** baseball.

구글 시스템이나 구글에 글을 올린 사람이 실수를 할 수도 있으니 한 번 더 시도해 보자.

나는 야구 보는 것을 좋아한다.

1단계   나는 좋아한다 야구보는 것을

2단계   I   like   watch baseball.

I like watch baseball.

I like **to** watch baseball.

이 두 문장의 차이를 알고 누군가에게 설명할 수 있다면, 이 책을 그만 읽고 덮어도 좋다.

영어 문장에는 동시에 2개 동사가 있어서는 안 된다. 영어 문장 구성의 제1 법칙이다.

I ~~like watch~~ baseball.

나는 야구를 좋아한다. **I like baseball.** 동사가 1개인 간단한 문장은 'like'라는 진짜 동사 다음에 baseball이라는 한 단어로 목적어 위치를 채워 넣으면 된다. 목적어 위치에 맞게 '야구를'이라고 해석하면 그만이다.

그런데, '**watch** baseball.'*(야구 보는 것을)*이라는 한 묶음을 목적어 위치에 배치하기 위해서는 진짜 동사 'like'와 구별할 필요가 있다. 가짜 동사 '**watch** baseball' 앞에 뭔가 표시를 해야 한다. 그 표시를 원어민들은 'to'로 쓰기로 약속하고 사용하고 있다. '**to watch** baseball'을 한 묶음으로 목적어 위치에 배치하고 '야구하는 것을'이라고 해석하면 된다.

Tip. 한 단어가 아닌 두 개 이상의 단어로 이루어진 'to play baseball'을 한 묶음으로 구*(句)*라고 한다. 비록 생긴 건 동사처럼 보이지만, to를 앞세워 문장에서 유명인사인 명사처럼 목적어 역할을 수행하기 때문에 '명사구'라고 표현한다*(*문법 수업 시간에 '명사구'라는 용어를 마주칠 때 한국말 설명을 이해하는 데 도움이 되었으면 한다)*.

영어, 명사 중심 vs. 국어, 동사 중심 언어

서양인은 각 개체의 이름인 명사를 중심으로 세상을 바라보고, 동양인은 각 개체 간의 관계와 그 사이의 상호작용을 설명하는 동사를 중심으로 세상을 바라본다."

– 출처:《동과 서》

우리말 어순은 '주어 + 목적어 + 동사'고, 영어 어순은 '주어+동사+목적어'다. 이 어순의 차이는 의외로 많은 차이를 가져온다.

영어에는 반드시 주어가 나와야 한다. 주어는 문장의 주인이 되는 단어로 문장 전체의 책임을 분명하게 드러내는 게 영어식 표현이다. 영어에서는 주어와 목적어가 중요하다. 주어와 목적어로 사용되는 게 바로 명사 또는 대명사다.

영어는 보통 'I love you'처럼 문장 처음과 끝이 주어와 목적어로 구성되어 있다. 주어와 목적어는 거의 다 (대)명사다. 주어와 목적어인 명사를 꾸며주는 말이 많이 발달된 게 영어다. 예를 들어 영어에선 "I give her a ring."으로 끝난 문장에도 "which she likes"를 덧붙여 "I give her a ring which she likes."라고 쓸 수 있다.

영어 문장 내에 "I give her a ring <u>which</u> she likes." 'which'같은 '관계대명사'가 발달한 이유가 영어는 '명사' 중심의 언어이기 때문이다. 간단한 영어 문장이 복잡해지고 어려워지는 이유는 문장에서 핵심 역할을 하는 명사를 꾸며주는 수식어가 늘어나기 때문이다.

그 동안 동사의 다양한 표현을 익히는 학습법이나 교재들이 많은 관계로 은연 중 영어는 동사 중심의 언어로 착각하지만 영어는 본래 명사 중심의 언어다. 영어는 문장 안에서 중요한 주어, 목적어, 보어 등 다양한 위치에 명사가 반드시 나타다. 반면 우리말은 동사 중심의 언어다.

우리말은 명사를 구로 바꾸는 게 자연스럽다. 우리말은 소위 구로 대표되는 동사가 다양하게 변신한다. 우리말은 동사를 제대로 살려서 활용해야 좋은 문장을 쓰고 말로 표현할 수 있다. 우리말 동사에 자주 쓰이는 품사가 '동사'와 '형용사'다. 동사와 형용사를 잘 활용하면 이해하기 쉬운 문장을 만들 수 있다.

한편 영어는 동사 변화가 크지 않다. 단어를 배열하는 순서나 억양의 높낮이로 뜻을 보충하거나 기본 의미를 변형시킨다. 통하는 영어를 위해서 '어순 감각'을 강조하는 이유가 여기에 있다. '영어는 명사 중심의 언어'로서 명사라는 단어가 놓인 위치에 주어, 목적어 등으로 문장 내에서 그 기능이 달라지거나 강조되기 때문에 어순 감각에 익숙해질 필요가 있다.

영어에 전치사가 그토록 발달한 이유도 명사의 시간, 공간상의 위치나 움직임을 표현하기 위해서다. 명사 중심으로 표현하는 영어의 특성을 이해하면, 스피킹을 하거나 문장을 만들 때도 감이 잘 오지만 문장을 읽을 때도 더 쉽게 이해되는 효과가 있다.

어순 감각 트레이닝, 영어의 결정적 패턴 매트릭스

영어를 잘하려면 영어 단어의 뜻을 알고, 그 단어들을 조합하고 배열하여 영어 문장을 구성할 수 있어야 한다. "I love you." 처럼 간단한 영어 문장을 귀로 듣고 글로 읽는 건 비교적 쉬운데 문장이 조금만 길어져도 영어로 말을 하거나 글을 쓰는 게 힘든 이유는 뭘까?

가장 중요한 이유는 영어와 우리말 어순, 단어를 나열하는 순서가 다르기 때문이다. 영어 단어를 적절히 활용하여 문장을 완성하여 말을 하거나 글을 쓰기 위해서는 영어 고유의 어순에 맞춰서 단어를 적절하게 배열할 수 있는 능력을 키워야 한다.

이를 위해 필요한 것이 영어 어순에 중점을 둔 어순 감각 트레이닝이다.

영어 어순 감각 트레이닝이 필요하다고 하면 어떤 분들은 영어를 잘하기 위해 문법 학습을 다시 해야 한다거나 그와 반대로 문법 학습이 필요 없다고 주장하기도 한다. 결론부터 말하자면, 문법의 최소 핵심 원리는 차용하되, 일본식 문법 용어로 점철된 기존 문법 학습에 몰입하는 방식과는 다르다.

영어를 쉽게 배우기 위해 가르쳐 주는 영어 문법에 대한 우리말 설명이 더 어렵게 느껴지는 말도 안 되는 기존 학습법을 탈피할 필요가 있다. 예를 들어, 'I like to watch a movie.' 이 문장을 보고 '나는 영화 보는 것을 좋아한다.'라고 이해하고 영어로 말하고 역으로 한글을 보고 영어로 쓸 수 있으면 그만이다.

'to watch a movie'가 to 부정사의 명사적 용법이라고 자세히 설명(?)하는 순간 대부분의 학습자들이 영어 자체를 부정하게 되는 역효과를 불러 올 수 있다. 영어 학습에 부정적인 복잡한 일본식 문법 용어나 장황한 영어 지식을 들먹이지 않아도 된다. 최소한의 핵심적인 문법 지식을 바탕으로 영어 고유의 어순에 맞게 단어를 배열하여 영어 문장을 만들어 글로 쓰고, 말로 내뱉는 어순 감각을 익히면 그만이다.

그럼에도 문법 학습이 필요 없다는 극단적인 주장에 대해서도 되짚어 볼 필요가 있다. 이 의견이 완전히 틀린 주장은 아니지만 한 가지 전제 조건이 충족되어야 한다. 매일 영어에 노출될 수 있는 환경을 갖추어야 한다. 문법 공부를 하지 않아도 영어를 생활 속에서 자연스럽게 흡수하고 익힐 수 있는 환경을 일컫는다. 하루에 대부분의 시간을 영어로 듣고, 읽고, 말하고, 글로 쓸 수 있는 환경이 주어져야 한다. 그런 상황에서는 머리에 쥐가 나도록 문법을 공부하지 않고도 원어민처럼 영어를 자연스럽게 체득할 수 있기 때문이다.

우리나라에서 성인 학습자들이 하루에 몇 분, 몇 시간이나 영어 환경에 노출될 수 있을까? 20분? 1시간? 하루 10분 이상 온전히 영어에 노출될 수 있는 경우도 많지 않을 것이다. 이런 제한된 영어 노출 환경 하에서 영어 문장 구성의 원리도 모른 채 무작정 단어를 외우고 영어 회화 표현을 암기하고, 책의 대부분이 이미지 등으로 가득 찬 영어책을 읽는다고 해서 자연스럽게 영어 문장을 만들어 낼 수 있는 능력이 생기지 않는다.

영어 초보 학습자는 영어 어순 감각을 익히는 데 필요한 최소한의 영어 문법의 핵심 원리를 이해하고 영어 고유의 어순을 중심에 두고 영어 문장을 만드는 트레이닝이 반드시 필요하다. 그렇다고 해서 일본식 문법 용어로 가득 찬 기존 문법 학습을 답습하자는 말은 아니다. 실제로 일상 회화에서 구사하는 영어 문장의 대부분은 복잡한 문법구조로 이루어지 않았다.

누구나 익숙한 "I love you."처럼 주어+동사+목적어 어순처럼 간단한 문법으로 일상생활에서 필요한 문장들을 부담 없이 직접 만들어 말하면 된다. 굳이 글로 쓰는 과정을 거치지 않고도 바로 입으로 말할 수 있다. 이를 한 마디로 '입으로 하는 영작'이라고 정의할 수 있다.

한편 긴 문장을 직접 만들 수 있느냐에 대한 고민이나 이슈는 여전히 풀리지 않는 숙제다. 영어 문장이 길어지는 이유나 핵심 원리를 알고 차근차근 간단한 문장에서 복잡한 문장을 직접 만들고 말할 수 있는 단계로 올라가면 된다.

영어 문장이 길어지고 복잡해지는 이유는 기본 어순에 위치한 핵심 단어를 여러 가지로 꾸며주는 수식어가 늘어나기 때문이다. 다른 한 가지 이유는 단어의 성격에 따른 명사, 형용사, 부사, 동사 등이 영어의 핵심 어순*(주어/술어/보어/목적어)*을 구성하면서 한 단어에서, 두 단어 이상으로 이루어진 구, 주어+동사*(S+V)* 형태의 문장 형식을 갖춘 절로 길어지기 때문이다*(단어의 성격에 따른 분류는 '단어의 품격' 편(69쪽)을 참조하기 바람)*.

영어 문장이 길어지고 복잡해지는 두 가지 이유를 염두에 두고 기본 문법에 관한 배경 지식을 활용하여 국어 문장을 영어 어순에 맞게 재배열하고 거기에 해당하는 단어를 대입함으로써 직접 문장을 만들어 써보는 과정이 필요하다*(단 한글 문장을 보자마자 입으로 내뱉을 수 있는 동시통역 수준 학습자들은 굳이 이 과정을 거치지 않아도 된다)*.

위치 종류 & 기능/표현	명사 그룹 위치 (주어/목적어/보어)	동사 그룹 위치 (서술어)	형용사 그룹 위치 (수식어)	부사 그룹 위치 (수식어)
영어의 결정적 패턴 매트릭스 (영어 어순 감각 내비게이터/위치의 종류와 표현 방식)				
단어	명사 (주어/목적어/보어)		형용사 (수식어)	부사 (수식어)
동사 변신 - 형태 : 구(句)	동사+Ing (동명사)	~다 (상태/동작)	동사+ing/pp (현재분사/과거분사)	동사+ing/pp (분사 구문)
주어+동사 - 형태 : 절(節)	That………. Wh………. (명사절/의문사절)		That………. Wh………. (형용사절/관계사절)	종속접속사…… (부사절/종속절)

이런 방식으로 조금씩 영어 어순에 대한 감각을 키워 가면서 다양한 문장을 익히고, 상황에 맞는 대화문이나 긴 문장을 듣고 말하는 연습을 통해 영어 역량을 향상시키면 된다.

영어는 공부의 대상이라기보다 자신의 생각을 말이나 글로 표현하는 도구로서의 언어이다. 누가 얼마만큼 체계적인 원리에 따라 직접 쓰고 말하고 듣는 과정에 투자했는가에 따라 영어 실력이 판가름 난다.

이를 위해서는 국어와 다른 영어의 결정적인 차이를 알고 그 차이를 메꾸어 나가는 트레이닝이 필요하다. 기본적인 최소한의 핵심 문법 지식을 바탕으로 영어 어순에 맞게 단어를 배열하여 직접 쓰고 말하는 과정을 통해 영어 어순 감각을 체득하는 방식으로 시작하는 게 중요하다.

영어 학습은 인풋한 내용을 글쓰기와 말하기처럼 손이나 혀 근육을 사용하여 운동성 기억으로 뇌의 장기기억에 저장하여 필요 할 때 바로 꺼내 쓸 수 있다. 운동성 기억은 한번 장기기억에 저장되면 쉽게 잊히지 않는 특성이 있다. 2년 전에 수영을 배웠던 사람이 오랜만에 다시 수영을 하더라도 헤엄치는 법을 잊어버리는 일이 거의 없는 이유는 근육을 활용한 운동성 기억으로 남아있기 때문이다.

문법이나 독해 위주로 눈으로만 하는 인풋 중심의 어학 공부보다 소리 내어 입과 혀 근육을 활용하면서 말하고 손 근육을 활용하여 쓰면서 하면 운동성 기억으로 장기 기억에 저장된다. 그래야 해외여행 중에 외국인이 말을 걸거나 해외 바이어들과 협상할 때 그들의 질문에 자신의 생각을 원어민의 언어로 답변할 만큼 성장할 수 있다.

하루하루 조금씩 제시된 과정을 따라가다 보면 원어민에 준하는 영어식 어순 감각과 함께 문법에 어긋나지 않는 회화 수준의 간단한 문장을 말할 수 있는 수준에 도달할 것이다. 더 나아가 독해가 필요한 수준의 긴 문장도 직접 만들어 글로 쓸 수 있는 수준으로 성장한 자신의 모습도 발견할 수 있을 것이다.

영어 정복 지름길, 어순 전환 트레이닝

영어를 모국어처럼 매일 사용할 수 없는 우리 같은 환경, 전형적인 EFL *(English as a Foreign Language)* 환경에서 '영어'는 여전히 풀리지 않는 숙제다. 영어를 원어민 수준으로 활용할 수 있는 능력은 글로벌 시대에 필수적인 과제다. 영어 사용 역량에 따라 사회계층이 결정되는 'English Divide'라는 개념은 여전히 유효하다.

한편 학교 교육과 사교육을 포함하여 영어 학습법은 일본식 문법 교육이 팽배하던 40년 전이나 현재나 달라진 게 없어 보인다. 필자 역시 독해와 문법을 위주로 하는 기존 인풋 중심의 영어 학습의 한계와 문제점을 누구보다 절감하는 사람이다. 초등학교

6학년 졸업 즈음부터 중·고교 시절 그리고 회사에서 26년 동안 숱한 시행착오를 거치며 영어를 학습했기 때문이다. 이것이 필자가 아웃풋 위주의 영어 학습법을 개발하게 된 강력한 동기로 작용했다.

필자는 서강대학교에서 영문학을 전공하고 영어 사용이 빈번한 글로벌 프로젝트가 많은 대기업에 재직하면서 주말을 이용하여 미국 Oregon University TESOL 과정에 등록해 '한국인에게 맞는 영어 학습 방법론' 개발에 매진해 왔다. 동시에 기존 영어 학원 외에 영어의 근본 원리를 중심으로 가르치는 재야의 숨은 영어 고수들의 영어 학습법을 익히고 응용하는 과정을 거쳐 '아웃풋 영어 학습법'을 정립하였다.

단 한 권의 책으로 필자의 아웃풋 영어 학습 방법론을 충분히 소개하는 데 어려움이 있지만, 기본 이론과 풍부한 실전 예제로 소기의 영어 학습 목표를 달성할 수 있도록 구성했다. 아웃풋 영어 학습법으로 부모 세계가 겪었던 영어의 한(恨)을 자녀들에게 대물림하지 않는 전환점이 되기를 바란다.

아웃풋 영어 학습법의 핵심을 미리 말하자면 어순 전환 트레이닝이 영어 정복의 지름길이라는 사실이다. 기존 영어 학습은 영어 회화와 독해를 따로, 영문법과 단어를 따로 공부하는 식이 대부분이었다. 기존 방식으로는 영어 정복의 왕좌에 앉는다는 것이 쉽지 않다. 여전히 많은 사람들이 새롭고 획기적인 영어 학습 방법론을 찾지 못해 제자리 걸음을 하고 있다.

영어를 모국어처럼 매일 사용할 수 없는 우리 같은 환경, 전형적인 EFL*(English as a Foreign Language)* 환경에서 영어 학습은 국어 실력을 그대로 영어 실력으로 전환하는 방식이 돼야 한다. 아웃풋 영어 학습법으로 그렇게 할 수 있다는 게 필자의 신념이다. 국어를 영어로 전환하는 아웃풋 영어 학습법은 자녀나 부모 세대 모두에게 적용될 수 있다. 다만 영어 학습자의 나이와 배경 지식에 따라 접근 방식과 교재의 콘텐츠가 조금 달라진다는 차이가 있을 뿐이다.

일부 영어 교육 전문가들이 영어로 말하기나 글쓰기를 잘 하려면 '원어민의 방식대로 사고해야 한다.'고 주장한다. 영어로 아웃풋하려면 영어식으로 생각해야 한다는 말인데, 일상적으로 한국어로 생각해오던 사람들이 갑자기 영어로 사고하는 것이 가능할까?

원어민의 사고방식대로 생각함으로써 우리말로 구성된 자신의 생각을 영어로 전환한다는 것은 일견 타당하다. 영어 말하기나 글쓰기가 제대로 안 된 상태에서 생각 자체를 원어민의 방식으로 하라는 말은 잉태하지도 않은 신생아를 출산하라고 하는 것과 유사한 억지 논리다.

왜냐하면 우리의 사고방식은 모국어를 바탕으로 형성되고, 영어는 모국어를 기반으로 체득하는 것이기 때문이다. 모국어가 견고하게 장착된 성인 학습자가 영어 말하기나 글쓰기를 배울 때 바로 원어민의 방식으로 생각 할 수 없을 뿐 아니라 굳이 그들의 방식대로 생각할 필요가 없다.

이런 이유로 한국어가 모국어인 이상 우리가 영어로 아웃풋하려면 한국어로 생각하고 이 생각을 영어로 전환하는 과정을 거쳐야 한다는 점을 유추할 수 있다. 국어를 활용하는 우리가 영어를 학습할 때 한국말로 떠오른 생각을 '영어로 뭐라고 하지?'라고 사고하는 과정을 거치게 된다. 자신의 생각의 내용인 한국어를 영어로 전환하는 트레이닝이 필요하다.

먼저 생각의 내용인 한국어 문장을 영어 어순에 맞게 배열하는 과정이 필요하다. 다음 단계로 영어 어순에 맞게 개별 한국어 단어에 해당하는 영어 단어를 순서대도 배치하면 된다.

국어로 생각한 후 영어로 바꾸어 말하거나 써 보고, 그와 비슷한 형태의 문장을 몇 차례 사용하다면 보면 영어 문장 고유의 패턴을 파악할 수 있다. 그 패턴에 익숙해지면 유사한 문장을 말로 하고 글로 아웃풋해야 할 상황에서 한국어를 영어로 전환하는 과정을 거치지 않고 곧바로 영어가 팝업창처럼 튀어 나오게 될 것이다.

13세를 전 후로 영어 학습의 효율이 결정된다는 영어의 결정적 습득 이론에 비추어 자녀 세대 영어 학습은 대체적으로 다음과 같은 단계로 진행된다.

1단계에서는 국어 실력을 연마한다. 국어 실력이 어느 정도 장착된 후에 영어 학습에 진입한다. 2단계에서는 국어 실력을 계속 보강해가면서 국어를 영어로 전환하는 트레이닝을 진행하는 단계다. 2단계에서 원어민의 어순 감각을 터득하고 살아 있는 문법을 익히게 된다. 마지막 3단계에서는 국어를 거치지 않고 직접 영어의 세계로 진입하는 단계다. 3단계에서 국어 학습과 영어 학습을 별도로 해도 서로 시너지를 일으켜 2개 언어 사용자가 되는 기반이 구축된다.

아웃풋 영어 학습법은 주로 2단계를 어떻게 학습할 것인지에 주안점을 두고 설계되었고, 2단계 집중 트레이닝을 통해 3단계로 점프할 수 있는 아웃풋 위주의 학습법이다. 그 방법론의 단계별 특징을 소개한다. 우선 다음 국어 문장을 읽어보자.

(1) 달이 뜬다.

(2) 그는 더 노력하는 법을 배워야 한다.

(3) 그녀는 그 새로운 스마트폰 비밀 번호 푸는 법을 아는 유일한 사람이다.

(4) 그가 너무 빨리 달려서 나는 그가 무슨 행동을 하는지 전혀 볼 수 없었다.

13세 이후 자녀 세대와 성인 학습자라면 이 정도의 우리말 문장은 쉽게 사용 말하고 글로 쓸 수 있을 것이다. 13세 이후 자녀 세대와 성인 학습자의 목표는 (1)번의 단순한 문장에서 시작해 (4)번의 복잡한 구조의 문장에 이르기까지 손쉽게 영어로 옮길 수 있는 실력을 키워주는 것이다.

아웃풋 영어 학습법으로 체계적인 트레이닝을 통해 (4)번의 복잡한 구조의 문장까지 즉시 영어로 전환할 수 있는 역량을 키운다면 원어민의 수준에 필적한 영어 구사 능력을 갖추게 될 것이다. 이 목표를 단계별로 어떻게 달성할 수 있을까? 그 방법은 다음과 같다.

국어를 영어로 즉시 전환하는 방식

국어 역량을 영어 구사 역량으로 전환하는 것은 생각보다 어려운 과정이 아니다. 국어를 영어로 전환하려면 3가지 요소가 필요하다.

(1) 국어 어순을 영어 어순으로 전환할 수 있어야 한다.
(2) 영어 단어의 의미를 알아야 한다.
(3) 영어 문법의 핵심을 알아야 한다. 국어를 영어식 흐름으로 전환하면서 영어 문장의 구조를 우선 체득한다. 그 틀 안에서 단어와 문법의 핵심 지식*(명사 그룹/형용사 그룹/부*

사 그룹/동사 그룹 이론)을 터득하면 원어민 수준으로 점프할 수 있다.

1) 국어 어순을 영어 어순으로 전환하기

우리나라 사람은 일본어를 비교적 쉽게 배운다. 우리말과 일본어의 어순이 유사하기 때문이다. 그와는 달리 우리나라 사람이 영어를 어려워하는 가장 큰 이유는 두 언어의 어순이 다르기 때문이다. 다른 정도가 아니라 아예 정반대다. 우리나라 사람이 영어 학습에서 헤매는 것은 어찌 보면 당연한 일이다.

이 지점에서 영어 학습의 한 가지 중요한 포인트가 나온다. 우리가 일본어를 체득하는 것처럼 쉽게 영어를 정복하려면 먼저 원어민의 영어 어순 감각부터 익혀야 한다. 영어의 어순 감각이 장착되면 일본어를 습득하는 것처럼 영어도 익숙해질 것이다. 다음 국어 문장을 살펴보자.

'사냥꾼은 덫으로 토끼를 잡는다.'

국어 문장의 어순을 분해하여 영어 어순으로 전환하면 다음과 같다.

'사냥꾼은 / 잡는다 / 토끼를 / 덫으로'

영어 어순으로 전환하면 의미가 통하지 않는 어색한 문장이 되지만, 이것이 영어의 어순이다. 영어를 사용하는 원어민들은 모든 문장을 이런 흐름으로 생각하고 말하는 것이다. 따라서 지금 이 순간부터 우리가 해야 할 첫 번째 트레이닝은, 어떤 국어 문장이 주어져도 이를 즉시 영어식 어순으로 전환할 수 있는 감각을 키우는 일이다.

13세 이하 자녀 세대들에게도 영어 어순 감각 트레이닝을 시켜야 한다. 어려서부터 영어 어순에 익숙해지면 영어를 정복 할 수 있는 수준으로 쉽게 진입 할 수 있다. '주어+동사'의 가장 단순한 문장 구조에서 복잡한 구조의 문장까지 체계적으로 영어식 어순 감각을 트레이닝하면 된다. 동시에 국어와 영어의 어순 감각이 형성되도록 해야 한다.

국어를 읽었을 때 거의 무의식적으로 영어 어순으로 전환될 수준이 된다면 영어 학습이 성공적으로 이루어진 것이다. 날마다 조금씩 반복학습을 통해 최대한 빠른 속도로 어순이 전환될 수 있도록 트레이닝하는 것이 영어 정복의 관건이다.

혹시 국어 어순을 영어 어순으로 바꾸는 트레이닝을 하면 국어 감각에 혼돈이 생기지 않을까 우려하는 이들도 있다. 기우에 불과하다. 국어 어순 감각은 1차 언어 감각이 되고, 영어 어순은

보조적인 2차 어순 감각으로 공존하기 때문이다.

국어와 영어 어순의 차이는 크게 3가지다.

(1) 영어는 주어(주부) 다음에 반드시 동사가 온다. 국어에서는
동사가 문장의 맨 끝에 오지만, 영어는 주어 다음에 바로
동사가 온다. 단순해 보이지만 영어 학습에 어려움을 주
는 결정적인 차이다.

국어 어순 : 그녀는 / 30분 전에 / 갔다.

영어 어순 : 그녀는 / 갔다 / 30분 전에

(2) 동사는 그 뒤에 보어, 목적어, 수식어를 달고 다닌다.

① 그는 ~이다(동사가 보어를 달고 다닌다)

② 동물들은 ~을(를) 버렸다(동사가 목적어를 달고 다닌다)

③ 나는 줬다 누구에게 무엇을(간접 목적어와 직접 목적어를 달고 다닌다)

(3) 명사를 꾸며주는 두 단어 이상으로 이루어진 형용사구와
주어+동사 형태의 형용사 절이 꾸밈을 받는 단어(명사) 뒤
에 온다. 국어에서는 형용사구와 형용사 절이 수식하는
단어 앞에 오지만, 영어에서는 대부분 뒤에 온다. 이 결정
적인 문장 패턴의 차이가 우리나라 사람의 언어 감각에

혼돈을 준다.

국어 어순 : (내 앞에 있는) 남자가 / 크게 / 소리쳤다
영어 어순 : 남자가 (내 앞에 있는) / 소리쳤다 / 크게

이 영어 어순에서 형용사 절이 꾸며주는 단어 뒤에 위치하는 것으로 끝이 아니다. 형용사 절 안에서 또 한 번의 어순 배열이 일어난다. 동사가 위치 이동을 하기 때문이다.

영어 어순(1차 변화) : 남자가(내 앞에 / 있는) / 소리쳤다 / 크게
영어 어순(2차 변화) : 남자가(있는 / 내 앞에) / 소리쳤다 / 크게

국어와 영어 어순의 차이가 발생하는 요인은 이 3가지다. 이 3가지 차이를 이해하고 우리 혀로 말하고 손으로 쓸 수 있을 때까지 트레이닝해야 한다. 이 과정을 통해 모든 영어 문장이 만들어지는 원리를 깨닫게 되고, 복잡한 문장의 구조도 어떻게 형성되는지 감각으로 알 수 있게 된다.

2) 영어 단어의 의미를 알아야 한다.

'사냥꾼은 / 잡는다 / 토끼를 / 덫으로'

영어 어순 감각이 생겨도 영어 단어 의미를 모르면 영어 정복의 세계로 들어갈 수 없다. 앞서 예시 문장에 들어 있는 '사냥꾼', '잡는다', '토끼', '덫' 등을 어떤 영어 단어로 대체할 수 있는지부터 알아야 한다.

평소에 영어 단어를 많이 알고 있으면 어순이 전환됨과 동시에 우리말 단어가 영어 단어로 신속하게 전환될 것이다. 효과적인 영어 단어 학습법은 다음과 같다.

① 발음 기호와 원어민의 소리로 단어를 익힌다.

우리가 어려서 우리말을 처음 배울 때 그림 카드를 가지고 엄마나 아빠의 발음을 모방하여 단어를 익혔다. 우리말 단어를 익힐 때도 '소리'와 이미지를 연결하는 연습을 했다. 마찬가지로 영어 단어를 외울 때도 발음기호와 원어민의 소리를 연결하여 익혀야 한다. 철자는 눈으로 익히면 된다. 아이들도 발음기호와 소리로 단어를 익히면 성인들이 단어를 익히는 속도보다 훨씬 빠르게 익힐 수 있다.

② 상황을 통해 영어 단어를 익힌다.

이미지 카드를 통해 익힐 수 있는 기본 명사나 동사를 어느 정도 익힌 다음에는 상황을 통해 단어를 익힌다. 상황은 국어를 가지고 재구성한다. 국어로 이미 알고 있는 단어나 개념인 경우 영어로 넘어가는 일이 훨씬 쉬워진다. 신문이나 방송을 통해서 경제구조, 사업 환경, 경쟁 시장, 신제품 개발 등의 용어의 의미를 미리 알았다면, 그에 해당하는 영어 단어를 떠올려서 활용하는 것은 간단한 일이다.

3) 영어 문법의 핵심을 알아야 한다.

국어를 영어식 흐름으로 전환하면서 영어 문장의 구조를 우선 체득한다. 그 틀 안에서 단어와 문법의 핵심 지식*(명사 그룹/형용사 그룹/ 부사 그룹/동사 그룹 이론)*을 터득하고 어순 감각을 트레이닝하면 원어민 수준으로 점프할 수 있다.

국어를 영어 어순으로 바꾸고 단어를 익혔다. 하지만 단순하게 국어 단어를 영어 단어로 바꾼다고 해서 완전한 영어 문장이 되지는 않는다.

사냥꾼은　잡는다　토끼를　　덫으로
The hunter catches the rabbit a trap.

여기서 마지막 한 단계를 더 거쳐야 완벽한 영어 문장이 된다. 영어의 기본 문법이다. 문법이란 단어가 문장 내에서 각자 위치에서 어떤 형태를 취해야 하는지 사전에 약속한 법칙이다. 문법의 기본 법칙을 모르면 정확한 영어의 세계로 진입할 수 없다.

문법 학습에 대해 갑론을박 의견들이 분분하다. 문법 무용론을 주장하는 이들도 있다. 하지만 그것은 영어의 본질을 잘 모르고 하는 의견일 뿐이다. 문법의 기본을 제대로 알아야 바람직한 영어를 자연스럽게 활용할 수 있다.

다만 복잡한 이론 중심의 책상머리 문법이 아니라 실제 활용할 수 있는 문법을 입과 손으로 체득해야 한다. 기존에 익혔던 죽은 거나 다름없는 복잡한 문법 지식을 폐기하고 즉시 실전에서 살아 있는 문법으로 활용해야 한다.

사냥꾼은　잡는다　토끼를　　덫으로
The hunter catches the rabbit a trap (X)

'덫으로'처럼 덫을 도구로 사용하는 경우에는 '을 가지고'라는 뜻의 'with'를 사용한다. 국어에서는 '덫으로'라고만 해도 듣는 사람이 사냥꾼의 덫이라고 이해한다. 한편 영어에서는 누구의 덫인지 명확하게 밝혀야 한다. 그런 맥락으로 '**사냥꾼의 덫**'으로 이런 방식으로 써야 한다. 이런 부분이 국어와 다르다. 덫으로는 '**with a trap**'이다. 이러한 문법적인 기본 사항을 고려하여 영어 문장을 만들면 다음과 같다.

사냥꾼은   잡는다   토끼를   덫으로

The hunter catches the rabbit <u>**with**</u> a trap (O).

이 문장에서 우리가 알아야 할 기본 문법을 고려한 영어의 어순은 다음과 같다. 주어+동사+목적어 핵심 어순 외에 추가적인 설명을 할 때는 '전치사+명사'의 어순으로 배열한다는 원리다(*두 단어 이상으로 이루어져 있기 때문에 문법의 세계에서는 '구'라는 용어를 사용한다. 전치사+명사로 이루어진 구를 줄임말로 '전명구'라고도 한다).

지금까지 국어에서 영어로 전환하는 과정을 설명했다. 영어 정복의 세계로 진입하기 위해서 3단계 과정을 통과해야 한다는 것을 알았다. 영어 어순 감각, 단어 의미 및 기본 문법이다.

국어에서 영어로 전환하는 과정은 가장 단순한 문장에서 복잡한 구조의 문장까지 체계적으로 트레이닝해야 한다. 단순한 문장 구조에서에서 복잡한 구문까지 국어를 영어로 바꾸는 트레이닝을 하면 영어 정복의 세계로 진입할 수 있을 것이라 확신한다. 좀 더 복잡한 문장을 예로 들어 어순 감각 트레이닝의 학습 패턴을 설명해 보기로 하자.

● 국어 어순……그녀는 그 새로운 핸드폰 비밀번호 푸는 법을 아는 유일한 사람이다.

● 영어 어순……그녀는/이다/유일한 사람/아는/비밀번호 푸

는 법을/그 새로운 핸드폰의

국어로 복잡한 문장을 우선 우리 말 상태에서 영어 어순으로 배열한다. 그 다음에 영어 어순에 맞게 배열된 우리말 단어 어순에 맞게 영어 단어를 배열한다.

그녀는/ 이다 /유일한 사람 / 아는 / 비밀번호 푸는 법을 / 새로운 핸드폰의

She / _is_ / only person / **knows** / how to solve secret number / of new phone. (X)

앞서 설명한 대로 국어 어순에 맞춰 단순하게 영어 단어를 배열한다고 완전한 영어 문장이 되지 않는다. 영어 어순에 맞춰 배열하되, 영어 문법의 기본 법칙에 위배되지 않는지 점검이 필요하다(*굳이 국어 문장을 영어 어순에 맞춰 배열해서 직접 써보면 자신이 어떤 부분의 문법 지식이 부족한지 인식할 수 있는 효과가 있다).

영어 문장 구성의 핵심 법칙 중 하나는 진짜 동사는 하나만 있어야 한다. 아래 문장에서 동사가 2개 보인다. 여기서 진짜 동사는 'is' 하나이다. 나머지 동사 'knows'는 명사 only person을 꾸며주는 또 다른 문장의 동사일 뿐이다.

She / _is_ / only person / __knows__ / how to solve secret number / of new phone. (X)

앞서 설명한 대로 국어 문장과 영어 문장 구성 순서의 결정적인 차이는 명사를 꾸며주는 주어+동사 형태의 형용사절이 꾸밈을 받는 단어인 only person^(명사)의 뒤에 온다는 점이다^(*이 결정적인 문장 패턴의 차이가 우리나라 사람의 언어 감각에 혼돈을 준다).

1) She / _is_ / only person
2)　　　　　(only person) __knows__ / how to solve secret number / of new phone.

이 두 개 문장을 하나의 문장으로 연결하기 위해서는 두 문장을 관계 맺어 줄 수 있는 중매쟁이가 필요하다. 영어 문법 세계에서는 이 단어를 '관계대명사'라고 부르고 'who'라는 단어를 쓰기로 약속하고 사용한다.

영어는 기본적으로 반복되는 것을 싫어한다. 반복되는 단어 대신 사용하는 단어를 문법의 세계에서는 '대명사^(代名詞)'라고 부른다. 다른 단어를 대신하여 쓰는 단어라는 의미다.

only person이라는 명사가 반복되므로 괄호 안에 있는 단어 _(only person)을 대신해서 'who'라는 단어를 쓴다. 이렇게 두 문장을 관계 맺어주고 대신 써주는 단어를 줄임말로 '관계대명사'라고 한다.

이러한 문법 지식을 토대로 영어 어순에 맞게 다시 배열하면 다음과 같은 완전한 영어 문장이 탄생한다. 앞서 설명한 영어 어순 감각 트레이닝 프로세스를 단계적으로 정리하면 아래와 같다.

● 국어 어순……녀는 그 새로운 핸드폰 비밀번호 푸는 법을 아는 유일한 사람이다.
● 영어 어순……그녀는/이다/유일한 사람/아는/비밀번호 푸는 법을/그 새로운 핸드폰의

She / _is_ / only person / **knows** / how to solve secret number / of new phone. (X)

1) She / _is_ / only person
2)　　　　(only person) **knows** / how to solve secret number / of new phone.

3) She / _is_ / only person / **who knows** / how to solve secret number / of new phone.(O)

　　영어 원어민 수준의 학습자나 동시통역 대학원에서 전문적
인 통역 트레이닝을 받은 사람이라면 중간 단계를 거치지 않고
국어 어순만 보고도 바로 마지막 3)번 영어 문장을 구사할 수 있
다. 하지만 영어 어순 감각에 익숙하지 않은 학습자들은 단계적
으로 영어 어순 감각을 집중적으로 트레이닝해야만 영어 정복
의 수준의 세계로 점프 업할 수 있다.

제2부

실전편
(고급단계)

Warming up - 단어의 품격과 역할

〈신사의 품격〉이라는 드라마가 몇 년 전에 시청자들, 특히 주부들의 사랑을 독차지했다. 사랑과 이별, 성공과 좌절을 경험하고 세상 어떤 일에도 미혹되지 않는 불혹을 넘긴 꽃 중년 남자 4명이 펼치는 멜로 드라마였다. 각자 맡은 '위치'에서 멋지게 자신의'역할'을 해냄으로써 시청자들과 활발하게 소통한 드라마로 회자되고 있다.

영어의 세계에도 엄연히 '품격'이 존재한다. 타고난 '단어의 품격'에 따라 문장 내에서 단어의 위치가 결정되고 그 의미마저 달라진다. '단어의 품격'을 줄여서 영어의 세계에서는 '품사'라 지칭한다.

　　품사란 단어가 문장 속에 있지 않고, 홀로 떨어져 있는 낱말을 말한다. 품사란 단어에 대한 분류로, 그 끝을 '~사'로 표현한다. 품사는 크게 명사, 대명사, 동사, 형용사, 부사, 전치사, 접속사, 감탄사로 분류할 수 있다.

　　단어와 단어가 만나서 문장이 된다. 문장성분은 한 단어 혹은 두 단어 이상이 나열되고 의미 있게 결합된 구와 절 등의 길어진 문장들을 포괄하여, 그 끝을 '~ 어'로 표현한다. 문장성분에는 주어, 동사, 목적어가 있다. 한 단어 혹은 두 단어 이상이 결합된 구나 절 등이 문장에 들어가서 주어, 보어, 목적어 기능을 하면 품사가 아닌 문장성분이 된다.

　　단어가 다른 단어들과 결합해서 문장에서 각각 고유한 역할을 하는 '문장성분'은 그 종류가 6 가지다.

　　　핵심 역할 : 주어*(Subjective)*, 동사*(Verb)*, 목적어*(Objective)*, 보어

　　　　　　　(Complement)

　　　보조 역할 : 형용사어*(Adjective)*, 부사어*(Adverb)*

【예문】

I paint a picture.

We speak French on the seminar.

Jane realized that her grandfather was a great professor.

'단어의 품격'인 품사는 영어 단어(낱말)에 대한 정의로 그 성격에 따라 아래와 같이 분류할 수 있다.

1. 명사의 품격

- 정의 : 사람이나 사물의 이름을 나타내는 낱말(단어)
- 문장에서 주요 기능: 주어, 목적어, 보어 기능을 하는 품격

Tip. 문장에서 명사의 기능을 쉽게 기억하기 : 명사는 유명인사의 줄임말로 문장에서 핵심 기능인 주어, 목적어, 보어 역할을 독차지한다.

【예문】

<u>Jenny</u> is a good <u>friend</u>.

This is <u>Tom</u>.

<u>Jenny</u> likes <u>Tom</u>.

This is <u>the manual</u> for salesman.

<u>The issue</u> on this chapter is very critical.

<u>We</u> discussed critical <u>issues</u> yesterday.

2. 대명사의 품격

- 정의 : 앞에 나온 명사의 반복을 피하려고 대신 사용하는 명사
- 기능 : 반복을 싫어하는 영어의 특성상 대명사로 기존 명사를 대체하는 품격

【예문】

I met Jessica and I knew that she worked for our project five years ago.

3. 동사(동사)

- 정의 : 사람이나 사물의 동작이나 상태를 나타내는 낱말로 '~하다', '~한 상태이다'의 의미다.
- 기능 : 동사를 자동사와 타구로*(동사+ing/동사_ed)* 분류할 수 있다. 동사 그 자체로 문장에서 의미가 스스로 통하느냐 그렇지 않는가에 따른 구별이다.

〈자동사 vs. 타동사〉

● 자동사*(自動詞)* - 홀로 의미가 통하는 자립심이 강한 동사
  ex) 살다, 자다, 존재하다

● 타동사(他動詞) – 타인(他人)이나 타(他) 대상을 필요로 하는 동사

　 ex) 살리다, 재우다, 쓰다

'오다' 혹은 '끝나다'라는 동사처럼 그 자체로 의미가 통하지 않아서 타동사가 아닌가라는 의문이 들 수 있다. 의미가 완전하게 통하지 못한다는 관점에서 타구(동사+ing/동사_ed)로도 볼 수도 있다. 한편, 영어 문장에서 동사의 정보가 통하지 않는다는 것은 명사의 기본 정보, '누가(who)' 혹은 '무엇(what)'이라는 핵심 정보로 제한하고 있다. '끝나다'라는 동사의 표현이 다면 '언제'라는 정보가 부족해서다. 이는 의미상으로 부가적 요소에 해당한다.

영어도 결국 우리말과 마찬가지로 6하원칙 기반에서 표현하고 소통한다는 사실을 기억할 필요가 있다. 누가(who), 언제(when), 무엇을(what), 어디에서(where), 왜(why), 어떻게(how)라는 범주에서 벗어나지 않는다. 단어들이 모여서 문장이 성립되고, 단어들의 위치에 따라 의미가 결정되는 것이 영어 문장의 특성이다.

핵심 정보(명사 성격) – who, what

부차 정보(부사 성격) – when, where, how, why

명사는 유명 인사의 품격답게 문장에서 핵심 요소인 주어, 목적어, 보어 위치를 고수한다. 그 자체로 의미가 통하지 않는 타동

사의 바로 뒤가 목적어 위치이므로 그 위치에는 명사 성격이 강한 who 또는 what이라는 핵심 정보만 올 수 있다는 점을 알 수 있다.

Tip. 끝말로 판단하는 자동사 타동사 구별법 : 보통 타동사는 '무엇을' 또는 '누구를'이라는 꼬리표를 달고 있다.

〈본동사 vs. 준동사〉

《홍길동전》은 조선시대에 '서자로 태어나 천대를 받고 자라났으나 의적이 되어 탐관오리를 벌하고 백성들을 돕다가 율도국이라는 나라를 세워 태평성대를 이룬다'는 내용의 소설이다.

홍길동은 본처의 소생이 아닌 비록 서자지만 종횡무진 활약하면서 조선 사회를 뒤흔든 인물이다.

영어의 세계에서도 본동사와 조선시대 홍길동처럼 서자에 준하는 준동사가 있다. 본동사는 그 출신 성분이 본래 동사라서 관심의 대상이 아니다. 준동사가 동사의 성품을 간직한 채로 명사, 형용사, 부사의 위치를 넘나들며 영어 문장의 의미를 뒤흔드는 활약(?)을 한다.

본동사는 주어 다음 동사 위치에 있는 품사로 '~하다'는 의미로 해석하면 된다. 준동사는 비록 동사지만 주어 다음에 동사로 오지 못해, '~하다'가 아닌 다른 의미로 해석되는 서자 동사들이다. 비동사 위치에 있는 서자 구^(동사+ing/동사_ed)로 동사에 ~ing, pp를 덧 붙여서 더 이상 본동사가 아님을 은연 중 드러낸다. 서자 동사지만 변장을 하고 신출귀몰하는 홍길동처럼 문장 내 여기저기서 명사, 형용사, 부사의 역할을 하면서 헷갈리게 한다.

다음 문장에서 '말하다'라는 동사의 변화를 유심히 살펴보자.

· 영어를 말하는 것은 어렵다.
· 영어를 말하는 사람들은 많은 원어민을 만나는 경험을 갖는다.
· 영어를 말하면서 우리는 다른 사고방식을 경험한다

동사가 본래 동사답게 '~하다'로 해석되지 않는 서자 동사들을 준동사라고 부른다.

다음 (   ) 안에 들어 있는 표현들이 왜 어색한지 생각해 보자.

① (Speak English) is difficult.

한 문장에 동사처럼 보이는 단어가 2개 있다. 간단한 문장에 동사가 하나만 있는 것이 문장의 기본 법칙이다. 'speak' 와 'is'

중에 본동사는 'is'다. 동사 'speak'에 'ing'라는 꼬리표를 붙이고
명사인 척 주어의 위치를 넘보는 것이 준동사다. 해석도 '~하다'
로 해석하는 것이 아니다. 주어 위치를 차지하고 주어의 품격에
맞게 '~하는 것'으로 해석해야 한다. 이런 형태를 문법 용어로는
'동명사'라고 한다.

→ <u>Speak**ing** English</u> is difficult.

② People (speak English) will have experience to meet
  many foreigners.

한 문장에 동사처럼 보이는 단어가 2개 있다. 'speak'와
'have' 중에 본동사는 'have'다. 'speak'에 'ing'라는 꼬리표를 붙
이고, 형용사인척 People^(명사)를 꾸며주는 준동사다. 해석도 '~하
다'로 해석하는 것이 아니다. 형용사 위치를 차지하고 형용사의
품격에 맞게 '~하는'으로 해석해야 한다. 이런 형태를 문법 용어
로는 '현재분사'라고 한다.

→ People <u>speak**ing** English</u> will have experience to
  meet many foreigners.

③ (Speak English), we experience different way of
  thinking.

한 문장에 동사처럼 보이는 단어가 2개 있다. 'speak'와 'experience' 중에 본동사는 'experience'다. 'speak'에 'ing'라는 꼬리표를 붙이고, 부사인 척 이어지는 문장 전체를 꾸며주는 준 동사다. 해석도 '~하다'로 해석하는 것이 아니다. 부사 위치를 차 지하고 부사의 품격에 맞게 '~하면서'로 해석해야 한다. 이런 형 태를 문법 용어로는 '분사 구문'이라고 한다.

→ Speak**ing** English, we experience different way of thinking.

4. 형용사의 품격

- 정의 : 사람이나 사물의 성질, 수량 등을 표현
- 역할 : 문장에서 두 가지 기능 수행

첫째, 명사를 꾸며주는 한정 용법
 - An active man
둘째, Be동사와 결합하여 구_(동사+ing/동사_ed)로 변신하는 서술 용법
 - Jenny is pretty.

다음 문장에 형용사에 밑줄을 긋고 형용사의 용법을 구별해

보자.

Although she was poor, Jenny had a great vision, and she started to change herself.

→ **poor** : 서술 용법*(was와 결합 후 구(동사+ing/동사_ed)로 변신)*

great : 한정 용법*(vision 꾸며주는 기능)*

5. 부사의 품격

- 정의 : 명사만 꾸며주는 형용사와 달리, 부사는 그 외의 모든 요소를 다 수식.

- **Jessica was very charming.***(형용사 charming 수식)*

We powerfully propose that we should make our decisions at the seminar.*(동사 Propose 이하 전체 문장)*

- **We should study hard to succeed.** *(동사 study 수식)*

6. 전치사의 품격

- 정의 : 전치사는 명사 앞에 위치.
- 역할 : 전치사 다음에 한 단어인 명사, 구 형태인 동명사, 절

형태인 의문사절도 위치함

Tip. 영어 문장에서 뒤에 명사를 달고 다니는 동사는 타동사다. 타동사가 아닌 경우 동사 뒤에 명사를 달려면 반드시 전치사를 덧붙여야 한다. 전치사와 명사가 세트다.

7. 접속사의 품격

- 정의 : 영어 문장에서 접속사는 2가지로 분류된다.
- 역할 : 동일한 문장 구조를 연결해주는 등위접속사*(and, but, or)* 뒤에 '~라는' 것을 달고 다니는 종속접속사 '~라는' 해석이 절의 형태로 '누가 ~ 한다'라는 절의 형태로 분사 구문이나 보어 구문으로 변형되기도 한다.

Tip. 전치사와 종속접속사의 공통점과 차이점
- 공통점 : '~라는' 내용을 달고 다니며, 그 내용을 앞이 아니라 뒤에 쓴다.
- 차이점 : '~라는' 내용을 채우는 방법이 다르다. 전치사는 명사와 결합하여 구의 형태이고, 종속접속사는 주어＋동사, 즉 절의 형태를 취해야 한다.

8. 감탄사

● 기쁨, 슬픔 , 놀람, 노여움 등의 감정을 나타내는 말
● 감탄문을 만드는 방법은 what이나 how를 사용하면 된다.
● 감탄문 만드는 방법
  - 감탄하고자 하는 내용을 찾는다
  - 감탄하고자 하는 내용이 명사라면 what을 덧붙여서 맨
    앞에 놓는다.
  - 감탄하고자 하는 내용이 형용사나 부사라면 how를 덧붙
    여서 맨 앞에 놓는다.

【예문】

Joseph studies hard. → **How** hard Joseph studies!

Mercury is a good professor. → **What** a good professor
Mercury is!

제3장

어순 감각 내비게이터 :
명사 그룹 위치 및 표현

명사 그룹 위치 감지와 표현하기
(주어/목적어/보어)

영어 어순 감각 트레이닝의 핵심은 바로

1) 인풋*(직독직해)*을 하면서 동시에 뒤에 무엇이 오는지 의식하

   면서 아웃풋한다.

   – 영어의 위치는 명사 그룹, 형용사 그룹, 부사 그룹, 동사

   위치 네 개뿐이다 .

2) 뒤에 오는 정보를 3가지 방법으로 채우면서 아웃풋한다.

   – 영어의 위치를 채우는 방법은 단어로, 구*(동사+ing/동사_ed)*

   로, 절*(S+V 형태로)*로 세 개뿐이다.

품사 그룹 위치 감지와 감각으로 표현하기(주어/목적어/보어)

위치 종류 & 기능/표현	명사 그룹 위치 (주어/목적어/보어)	동사 그룹 위치 (서술어)	형용사 그룹 위치 (수식어)	부사 그룹 위치 (수식어)
영어의 결정적 패턴 매트릭스 (영어 어순 감각 내비게이터/위치의 종류와 표현 방식)				
단어	명사 (주어/목적어/보어)		형용사 (수식어)	부사 (수식어)
동사 변신 - 형태 : 구(句)	동사+Ing (동명사)	~다 (상태/동작)	동사+ing/pp (현재분사/과거분사)	동사+ing/pp (분사 구문)
주어+동사 - 형태 : 절(節)	That………. Wh………. (명사절/의문사절)		That………. Wh………. (형용사절/관계사절)	종속접속사…… (부사절/종속절)

주어 위치 표현하기

품사중의 하나인 명사는 문장에 들어가면 주어, 목적어, 보어 라는 용어로 바뀌면서 명사적 어감을 전달한다. 주어 위치를 채우는 방법을 안다면 목적어나 보어 위치도 동일한 성질이므로 그대로 응용하면 된다.

1단계 단어로 주어 위치 표현하기

1. 위치 개념 파악하기

주어 위치는 영어 문장의 맨 처음 위치로, 그 위치를 채우는 가장 단순하면서 깔끔한 방법은 명사를 활용하는 것이다. 주어 위치를 단어 하나로 채우는 방법은 명사를 사용하는 것과 명사를 대신 받아서 사용하는 대명사를 활용하는 것이다. 그 외의 다른 품사들, 동사, 형용사, 부사, 전치사 등은 혼자서는 사용할 수 없다.

2. 해석하는 방법
단어의 뜻 그대로 해석해서 진행하면 된다.

3. 바람직한 어순으로 배열하기
① 그는 뉴욕에서 공부한다. (study / He / New York)

_____

② 대학에 가기 위해서 수학은 필수적이다.
(enter the college / essential / Mathematics)

_____

③ 제인의 어머니는 제인을 놀라게 했다.
(surprise / Jane / Jane's mother)

_____

④ 운동은 우리의 건강한 삶을 위해서 필수적이다

(exercise / essential / healthy life)

_____

⑤ 영화를 보기 위해서 제인은 한 극장에 갔다.

(see a movie/ Jane / go / a theater)

_____

4. 바람직한 표현으로 수정하기

① (Difficult) differs from unhappiness.

② (Appear) of MZ generation will create new market.

③ (Endure) is very necessary when we are in trouble

④ (Diligent) can restore our life.

⑤ (Graduate) get certified.

<심화학습>

주어로 시작하지 않는 유일한 문장 "There be 명사"

부사어를 제외한다면 주어로 항상 문장이 시작되어야 하지
만 예외적인 경우가 하나 있다.

There + be + 명사 : ~이 있다.

- There is a professor studying in the library.

- There are many professors learning French.

- There is a castle in the mountain.

해석방법 : there는 의미 없이 사용되며, 주어는 be동사 다음에 오는 명사이다.

2단계 구(동사+ing/동사_ed)로 주어 위치 표현하기

다음 한국어 문장의 밑줄 친 부분을 옳게 변형해 보자.

수학을 배운다 　매우 어렵다.

거기에 머무른다 　매우 흥미롭다

기초도 없이 공부한다 　어리석다.

옳게 변형하면 '~하다'라는 말이 '한다는 것'이라는 말로 변경되어야 한다는 사실을 알 수 있다.

수학을 배운다 　매우 어렵다.

→ 수학을 배운다는 것은 매우 어렵다.

거기에 머무른다 　매우 흥미롭다

→ 거기에 머무른다는 것은 매우 흥미롭다

<u>기초도 없이 공부한다</u>   어리석다.

→ <u>기초도 없이 공부한다는 것</u>은 어리석다.

위의 사례에서 동사가 명사처럼 해석이 된다는 사실이다. 이 부분에서 배우게 되는 것은 '**명사 그룹 위치**'의 하나인 주어 위치에 동사를 집어넣는 방법이다.

잘 기억하자! 동사를 명사처럼 해석하고 싶다면 **동사**+ing 형태로 표현하라.

구로 주어 위치를 채우고자 한다면 **동사**+ing 형태로 쓰라. 의미는 자연스럽게 '~**하다**'가 '~**한다는 것**'으로 변환된다. 이럴 때 사용되는 **동사** + ing 형태를 동명사라 한다.

여기에 추가해서 '앞으로'의 미래의 어감을 주고 싶다면 to를 덧붙여 **to do**로 변형이 가능하다.

〈해석 하는 방법〉

우리말에서는 동사에 명사적 성질을 더하려면 '~**한다는 것**'이라는 명사적 어미를 더하는 것처럼 영어에서도 동일한 장치가 있다. 바로 동사에 ing를 붙이면 된다. 그리고 이런 ing를 동사가 명사적 의미를 가지고 있다고 해서 동명사라 부른다.

다음 어구를 크게 읽고 정확하게 해석해 보자.

- study French – studying French

- leave home town – leaving home town

- receive a card – receiving a card

- draw a picture – drawing a picture

동사만 '명사 그룹 위치'에 들어갈 수 있을까?

동사는 아니지만 동사의 성질로 변형 가능한 품사가 2가지가 있다. 바로 명사와 형용사이다.

- be + 형용사(~하는) → 동사(~하다)

- be + 명사 → 동사 (~이다)

– '~하는' 의 의미를 갖는 형용사에 be를 더하면 순간 동사로 변신하게 된다. 뜻은 '~하다.' 그리고 명사도 be 동사와 결합하면 '이다'라는 동사로 바뀌게 된다.

빈칸에 올바른 우리말로 적어보자.

- diligent   - be diligent   - being diligent

_____   _____   _____

- unhappy   • be unhappy   • being unhappy

————————   ————————   ————————————

- dangerous   • be dangerous   • being dangerous

————————   ————————   ————————————

- a professor   • be a professor   • being a professor

————————   ————————   ————————————

- a singer   • be a singer   • being a singer

————————   ————————   ————————————

바람직한 어순으로 배열하기

① 행하는 것이 성공하는 것이다. (do / succeed)

② 자는 것과 쉬는 것은 다르다. (sleep / different / rest)

③ 중국어를 배우는 것과 일본어를 가르치는 것은 달라져야 한
다. (teach / Chinese /French / should / different)

④ 성공한다는 것이 행복하다는 것을 의미하지는 않는다.
(successful / happy / mean)

⑤ 대학 신입생과 교수는 다르다. (freshman, professor)

'대학 신입생이다'는 것과 '교수이다'는 것은 다르다.

⑥ 마스크를 쓰는 것이 감염을 막는다.

(Wear / prevents / infection / a mask)

⑦ 우리 부모님을 기쁘게 하는 것이 우리의 희망입니다.

(our parents / delight/ our hope)

⑧ 생각하는 것 없이 행한다는 것은 어리석을 수도 있습니다.

(think / do / foolish)

⑨ 상식이 부족하다는 것은 당신의 미래에 작은 걸림돌이 될 겁니다.

(lack / common sense / future / stumbling block / small)

⑩ 스마트폰을 너무 가까이서 보는 것은 당신의 눈에 피해를 줄 수도 있습니다.

(watch close / smart phone / harm / your eyes)

3-1단계 절*(주어 + 술어 형태)*로 주어 위치 표현하기*(that/wh~ 절로)*

주어 위치를 채우는 방법으로 단어로 채우는 방법 그리고 구*(동사+ing/동사_ed)*로 채우는 방법에 이어서 절*(주어+술어 형태)*로 채우는 방법이다. 단어나 구*(동사+ing/동사_ed)*로 채우는 방법보다는 절을 상대해야 하므로 영어를 보는 우리의 시야도 그만큼 넓어져야 한다.

원어민들은 절을 쉽게 사용하라고 나름대로의 식별 요소를 만들었다. 그 식별 요소는 바로 **that**이나 '**wh~ 형식**'인데 이 요소를 절 앞에 미리 써줌으로써 상대에게 절이 온다는 것을 미리 알려준다. 아주 편리하면서도 유용한 장치이다.

절이라고 하는 것은 단순히 '**주어+동사**'를 의미하는 것은 아니다. 동사가 타동사일 경우에는 목적어가 나와야 한다. 항상 소통의 개념을 기억하자. 소통이 되지 않으면 그것은 언어가 아니다.

'**wh~ 형식**'은 무엇인가?

우리가 흔히 6하원칙이라고 부르는 것들이다.

종류 : **who, what, which, when, where, how, why, whether**

아래 두 문장 간 해석의 차이점은 무엇인가?

1. **We study Chinese**

2. That we study Chinese

1. We study Chinese - 우리는 중국어를 공부한다.

2. That we study Chinese - 우리가 중국어를 공부한다는 것은

문장 1의 경우는 절이 완성이 되어서 문장이 종료되었지만, 문장 2의 경우는 이제야 주어가 만들어진 것이므로 뒤에는 동사가 등장해야 한다.

'~가 ~하다'라는 절이 that으로 각색되면 '~가 ~한다는 것'으로 의미 변화가 생긴다.

다음을 바르게 수정해 보자.

• We leave Seoul is not true. (X)

• That we leave Seoul (X)

That we leave Seoul 문장에 that을 보는 순간, '주어+동사 형태'가 치고 들어올 것을 미리 준비하고 절이 걸리는 순간 그 절 전체를 큰 주어로 인식하자.

〈해석 하는 방법〉

주어 위치를 포함한 '명사 그룹 위치'에 that이나 wh~ 형식이 들어오면 절이 나올 거라는 감을 잡는 것이 가장 중요하다. that이나 wh~ 형식이 보이면 절이 올 거라는 신호로 알고 절로 감을

제3장 어순 감각 내비게이터 : 명사 그룹 위치 및 표현

잡아라.

해석하는 방법은 간단하다.

That + [~가 ~하다] = ~가 ~한다는 것

– 이럴 때의 **that**을 명사절을 이끄는 **that**이라 부르자.

다음 밑줄 친 부분의 해석의 차이점을 느껴보자

① a. She is a famous artist.

b. That she is a famous artist is well known.

② a. Tom failed the test.

b. That Tom failed the test is surprising.

③ a. The Mars has been formed by explosion.

b. That the Mars has been formed by explosion is not true.

④ a. The essence of life is a thing of happiness.

b. That the essence of life is a thing of happiness is true.

⑤   a. Jane changed her attitude.

      b. That Jane changed her attitude will be open.

⑥   a. Your goal is to be a great artist.

      b. That your goal is to be a great artist is clear.

⑦   a. Jane didn't have enough chance to succeed.

      b. That Jane didn't have enough chance to succeed
        is not apparent.

⑧   a. Most of books has innocent emotion .

      b. That most of books has innocent emotion is clear.

⑨   a. Diligence is the most important factor in the
        successful life.

      b. That diligence is the most important factor in
        the successful life is fair.

⑩   a. Left handed people are more creative.

      b. That left handed people are more creative is a
        common sense.

※ 여기에 쓰이는 **that**절은 주어로 쓰이기는 하나 너무 주어가 길어진다고 해서 뒤로 보내 버리고 가짜 주어 **it**을 대신 활용하는 가짜 주어*(가주어)*, 진짜 주어*(진주어)* 구문으로도 변신한다.

〈바람직한 어순으로 배열하기〉

① a. 그는 그녀를 미워했다.

　 b. 그가 그녀를 미워했다는 것은 사실이 아니다. (**true**)

② a. 그는 영어를 온라인에서 가르친다.

　 b. 그가 영어를 온라인에서 가르친다는 것은 매우 효과적이다. (**teach, effective, on the on-line**)

③ a. 그녀가 그를 떠났다.

　 b. 그녀가 그를 떠났다는 것이 그를 실망시킨다. (**leave / make him disappointed**)

④ a. 비가 심하게 올 것이다.

　 b. 비가 심하게 내린다는 것이 방송되었다. (**it rains cats & dogs / broadcast**)

⑤   a. 그들은 부산에 있는 한 이태리 식당에서 점심을 먹었다.

      b. 그들이 부산에 있는 한 이태리 식당에서 점심을 먹었

        다는 것은 그냥 추측일 뿐이다. (have lunch / in an

        Italy restaurant / just wild guess)

밑줄 친 부분을 단어로/구(동사+ing/동사_ed)로/주술(주어+술어 형태)로 바꾸어 보자. 주어가 필요한 부분은 'you'로 하기로 하자.

1. (Diligence) is essential in social life.

● 단어로 : _____

● 구로(동사+ing/동사_ed) : _____

● 절로(S+V 형태로) : _____

2. (Patience) in life is a great factor for success.

● 단어로 : _____

● 구로(동사+ing/동사_ed) : _____

● 절로(S+V 형태로) : _____

3. (early wake up) is helpful to the regular life.

● 단어로 : _____

● 구로(동사+ing/동사_ed) : _____

- 절로*(S+V 형태로)* : _____

3-2단계 절*(S+V 형태로)*로 주어 위치 표현하기*(wh절 명사/wh로)*

〈위치 개념 파악하기〉

영어에 다음과 같은 문장은 없다.

He doesn't know how tackled the issue.

Mrs. Jeniffer didn't know when sent the e_mail.

When received is mystery.

왜 위의 문장들은 오류라고 판단하는가? 이것이 영어의 매우
중요한 고비가 될 것이다. wh를 보면 절이 온다는 식별 감각이
생겨야 한다.

이것이 wh~형태의 모든 것 이다. 이제 다시 위로 올라가서
확인해 보자. 절에 대한 식별 감각을 유지하라!

〈위치 채우는 방법〉

wh~형태가 들어가 있는 절을 주어로 만들고자 한다면 반드

시 wh~를 맨 먼저 사용해야 한다. 이에 익숙한 학습자들은 wh 가 보이면 '절이 시작했다'라는 감을 잡는다.

wh를 시작점으로 보고 끝점을 찾아가면 wh절이 보이기 시작할 것이다. 매우 중요한 내용이며 앞으로 문법이나 독해실력의 필수사항이 된다.

wh~형태로 절을 채우는 방법은 다음과 같다.

wh~형태는 그 절의 항상 처음이 되어야 한다. 절의 맨 앞에 나와서 절이 들어온다는 신호를 주기 때문이다. 여기에서 wh는 주어이든 목적어이든 보어이든 형용사이든 부사이든 무조건 맨 앞에 놓아야 한다. 그리고 절이 되는 나머지 요소들은 순서대로 배열하면 된다.

〈wh~형태의 종류〉

명사 <u>wh</u>

Who will manage company depends on our policy.

Who steals it is a mystery.

What Jane has in her pouch is my curiosity.

What Tom has to do is to learn English effectively.

Which you write poem or novel is very important.

부사 <u>wh</u>

When you arrived there is not what she wants to know.

Where she lost the necklace is a mystery.

Why she was late for the meeting is not clear.

How she will get the goal will be presented quickly.

How hard he learn will make his right way in his life.

Whether you attend the seminar or not is very important for our success.

형용사 <u>wh</u>

What subject you chose is very important for our business.

Which part is helpful is below the web-site.

Whose agenda will be chosen to the committee is important.

〈해석 하는 방법〉

He solved the problem → How he solved the problem

그는 문제를 해결한다. → 어떻게 그가 문제를 해결하는가

I receive a card → Where I receive a card

내가 카드를 받는다.→ 어디에서 내가 카드를 받는가

의문문처럼 해석하면 된다. *(~가 ~하다 ― ~가 ~하는가?)*

〈해석 방법〉

Who ·· 가 ~하는가

What … 무엇이 ~ 하는가 / 무엇을 ~ 하는가 / ~ 이 무엇인가

Which … 어떤것이 ~하는가 / 어떤것을 ~하는가 / ~이 어떤것인가

When ···································· 언제 ~가 ~하는가

Where ······························· 어디에서 ~가 ~하는가

Why ····································· 왜 ~가 ~하는가

How ················어떻게 ~가 ~하는가 / 얼마나 ~가 ~하는가

Whether································~가 ~하는가 그렇지 않는가

〈심화학습〉

What의 해석 방법

1. 무엇

- Many people do not know what they should not do to make money.
- What he picks sways what she receives.

2. 것

대부분 what은 '것'으로 해석이 되는데, '것'의 의미로 해석하려면 동사를 '하다'라고 해석하지 말고 '하는'으로 변형해야 한다.

- What she decided - 그녀가 결정한 것
- What is essential - 필수적인 것
- What you made for me - 당신이 나를 위해 만든 것
- What was revealed - 밝혀진 것

'What is essential - 필수적인 것'이 경우를 흔히 유사 관계 대명사라고 하며 the thing which... 라고 달리 설명하기도 한다. 아무 의미 없는 말이며 영어 학습에 장애만 된다. 유사품에

주의하라는 말이 진품이 아니기 때문에 피하라는 말이다

- What is essential is that each factor should be concise and helpful.
- What they trust will rely on what they are.

cf) wh...절은 그 절이 어느 위치인가에 따라서 문법적인 명칭도 달라지고 해석 방법도 전혀 달라지니 조심해야 한다. 단, 주어나 목적어 그리고 보어 즉 '명사 그룹 위치'에서는 여기에서 해석하는 방법 '~가 ~하는가.'로 진행하면 된다.

- Who works there is very crucial.
- The woman who works there is very smart.

〈심화학습〉

what과 which의 차이점

what은 막연한 대상을 지칭하는 반면에 **which**는 앞에 구체적으로 제시된 대상을 받는다. 앞에 구체적 대상이 없다면 그냥 **what**으로 가면 된다.

예를 들어 3가지 색깔을 보여주고 '무슨 색깔이 좋으냐?'라고 하면 which라고 하며 아무것도 언급이 안 되었는데 '무슨 색깔이 좋으냐?' 라고 하면 what이라고 하면 된다.

_____do you like better a pencil or ball-point pen?

_____will you send to us.

이 학습편에서 명사 wh^(who/what/which)만 집중적으로 다루어 보자.

다음 wh절들이 주어 위치에 있다는 전제로 정확하게 해석해 보자.

① What she is going to send + verb

② Who he is + verb

③ What is received + verb

④ What she should have + verb

⑤ Which you should pick between vegetable and fruit + verb

⑥ What makes them hopeful + verb

⑦ What they need to live + verb

⑧ What they need to like + verb

⑨ What these factors explain to them + verb

⑩ Whether the runner is knocked down + verb

⑪ What he does not understand is what caused such controversy.

〈바람직한 어순으로 배열하기〉

① 무엇을 당신이 포기할 수 있는가는 당신의 결정에 달려 있다.

　(can give up / depend on something / decision)

② 내가 지금 고려하는 것은 당신이 무엇인가를 훔치려고 했다는 것이다. (consider / try to steal something)

③ 당신이 기억하는 것은 당신의 과거로부터 온 겁니다.

　(remember / comes from your past)

④ 그가 누구인가는 중요하지 않으며 그녀는 그가 무엇을 할 것인가 알 필요도 없습니다.

　(It doesn't matter / doesn't even need to know)

⑤ 내가 당신과 일할 수 있을지 아닌지가 당신의 커리어에 상당한 영향력을 끼칠 겁니다.

　(can work with / have a significant impact on / career)

⑥ 당신이 기억하고 있는 것은 모두 이 다이어리에 기록됩니다.

(remember/ is recorded / in this diary)

⑦ 비싼 것이 최고의 선택은 아닙니다. 당신이 필요로 하는 것을 구매하세요.

(be expensive/ the best choice / buy / need)

⑧ 당신의 애인이 당신에게 준 추억을 지운다는 것은 언약을 파기한다는 것을 의미합니다.

(erase the memories / break the covenant / mean)

3-3단계 **주술**(주어+술어 형태)**로 주어 위치 표현하기**(wh절 형용사 wh로)

다음 wh절들이 주어 위치에 있다는 전제 하에 정확하게 해석해 보자.

문장 a와 b의 해석상의 차이도 구별해 보자

①   a. Which fighter won the game is not important right now.

     b. Which won the game is not important right now.

② a. What signature was written on the book cover was very important,

b. What was written on the book cover was very important.

③ a. What course you will choose for your student can decide their future,

b. What you will choose for your student can decide their future.

④ a. What event will happen in the near future is beyond our expectation,

b. What will happen in the near future is beyond our expectation.

⑤ a. Whose bicycle was sent to repair is our issue.

b. A bicycle was sent to repair.

〈바람직한 어순으로 배열하기〉

① 무슨 재료로 당신의 집이 지어지는가는

(in what material / build)

② 시내에 있는 어느 카페가 최고의 음료를 제공하는가는

   (serve / the best beverage / cafe)

③ 어떤 종류의 디저트를 당신이 먹는가는

   (kind of dessert / eat)

④ 앞에서 기록된 두 개의 대안 중에서 어떤 것을 작가가 선택

   하는가는 (alternatives / record / writer / choose)

⑤ 어떤 방식으로 당신이 그 이슈를 다루는가는

   (tackle / issue)

3-4단계 절(S+V 형태로)**로 주어 위치 표현하기**(wh절 부사 wh로)

how 해석방법

a. I don't know how Jane learns fast.

b. I don't know how fast Jane learns.

a와 b의 문장에서 다른 점은 fast의 위치이다. 원래 fast는
부사이므로 동사 다음에 가는 것이 옳으나 b의 경우에는 how
다음에 위치해 있다. 이런 식으로 뒤에 있어야 할 형용사나 부

사가 how 다음에 오게 되면 해석은 '얼마나 ~ 하는가.'로 해석하면 된다.

- How hard we try to tackle issues in every situation is important in our lives.
- I don't know how happy I was to have a husband like Joseph.
- We will investigate how far the Mercury is from the Mars.
- We should consider how important the choice of books is for every child.

다음 문장을 정확하게 해석해 보자. 단 Wh절은 주어 위치에 있다는 전제이다.

① a. How I study hard + verb

　b. How hard I study + verb

② When the conference call is going to end + verb

③ a. How we can repair this computer + verb

　b. How effectively we can save energy + verb

④ Why we exported these products to France

⑤ Whether I will go or not + verb

⑥ When I go on a picnic to a place + verb

⑦ Why they were chosen as partners + verb

⑧ How much of the harmful meat was eaten + verb

〈바람직한 어순으로 배열하기〉

① 그 회사에 누가 합격하는가는 인사 담당 임원에 의해서 결정된다. (enter / company / decide / the HR head / who)

② 우리가 그 미팅에 참여 하는지 그렇지 않는지는 비밀이다. (whether / take part in / secret)

③ 그 선물을 누가 어디로 보냈는가는 확실하지 않다 (send /we / book / secret)

④ 어느 선수가 이겼는가는 명확하지 않다.

(fighter / which / win / clear / right now)

⑤ 이것이 누구의 서류 인가를 안다면 우리가 이것을 그 도시에 있는 회사에 보낼 것이다.

(whose / file / know / city / company / send)

가주어 진주어 - 긴 주어는 뒤로 보내라

위에서 공부 한 부분에 따르면 주어 위치를 채우는 방법이 1. 단어로 2. 구(동사+ing/동사_ed)로 3. 절(S+V 형태로)로 진행하는데 2와 3의 경우는 주어가 너무 길어질 수가 있다.

주어가 너무 길어지면 동사와 연결에서 문제가 발생하는 등 문장의 의미 전달에 어려움이 있다. 이를 미국인들은 가주어, 진주어라는 시스템으로 해결한다.

긴 주어를 맨 뒤로 보내고 그 빈 주어 위치에 가주어 it을 채워 넣는다. 가주어가 의미가 없는 데도 불구하고 이를 따로 만든 이유는 주어가 없으면 동사가 나올 수 없다는 영어의 특성 때문이다.

다음 밑줄 친 부분의 해석이 전혀 다르다. 이유는 무엇일까?

a. This is very important to learn French.

b. It is very important to learn French.

주어가 되는 요소들 중에서 가주어, 진주어로 구문으로 표현
가능한 것들은 무엇이 있는가?

가주어 it ··············· 진주어*(doing/to do/ that../wh..)*

다음 문장을 가주어, 진주어 구문으로 변형해 보자.

• That Jane won the gold medal is hardly impossible.

• Whether LG will solve the issues or not is very
  significant for employees.

• How many soldier were killed in the battle is not sure
  right now.

• How near two houses stand in the sector is decided by
  the government's building code.

다음 문장에서 가주어 it을 보고, 진주어를 미리 준비하는 연

습을 해보자.

① It is necessary to inspire the process of choosing fighters in open game as soon as possible.

② It is impossible to remove garbage completely; you can only minimize their quantity.

③ It is important to pick issue before starting your committee.

④ It is significant to find out the root cause of student's problem and find out the best solution.

⑤ Most of us don't know what it is like to run on desert all day long.

⑥ It is possible for you to use your own material and equipment.

⑦ It is very important that you keep your children away from the smoking area.

⑧ In order to have a picture, it is necessary to draw it and paint it.

⑨ It is impossible to live in desert with only a limited amount of water.

⑩ It is a good idea to go to the company's web site and read all about it before you start filling out the resume.

It is … that 강조구문과 구별

'It is that' 강조구문은 완전한 하나의 문장이 이미 만들어져 있는 상태에서 그 중 강조하고자 하는 부분을 it is 다음에 놓고 나머지는 that 다음에 쓰면 된다.

Susan met Jane in Seoul to send Tom's message.

It is _____ that_____

강조하고 싶은 부분을 it is 다음에 그리고 나머지 부분은

that 다음에 써보자.

다음 문장들이 가주어, 진주어 구문인지 it is … that 강조구
문인지 구별해 보자.

- It is He that sent the file to the company.

- It is very significant that we learn Chinese.

- It is in the garage that we found the toy.

제4장

형용사 그룹 위치 표현하기

형용사 그룹 위치' 표현하기

단어로 형용사 그룹 위치를 표현하는 것은 별다른 어려움이 없다. 해석만 제대로 하면 쉽게 적용할 수 있다.

형용사의 2가지 용법

① 한정 용법 : 명사를 꾸며서 명사의 의미적인 영역을 한정한다고 해서 흔히 한정 용법이라고 부른다. 괜히 어려운 문법 용어를 암기하려 애쓰지 말고 그냥 명사를 꾸미는

역할이라고 기억하면 된다.

It is my suggestion that better customer service and full of certain products revive E-mart.

② 서술용법 : be동사와 형용사가 결합하면 동사가 된다는 것을 의미한다.

I am very nervous that you are taking risks to make sure that you make money.

'형용사 그룹 위치'를 구*(동사+ing/동사_ed)*로 표현하는방법

형용사의 주된 기능

· 한정 용법 명사를 꾸미는 기능

- 1 like a small room.

- Tom is a handsome guy.

· 서술 용법 be 동사와 결합해서 동사로 변신하는 경우

- The room is small.

- He is handsome.

서술 용법은 be동사 학습 부분에서 다뤘기 때문에 한정 용법의 경우에 대해서만 학습을 하자. 우리말에서 형용사는 명사와의 관계를 무시하고 독립적으로 쓰는 경우가 많으나, 영어에서는 절대 그렇지 않다. 형용사의 순수 기능은 명사를 꾸미는 것으로, 가장 중요한 것은 명사 중심의 사고가 되어야 한다는 것이다. 명사가 어떤 성질의 것인가가 형용사의 형태를 결정한다는 점을 절대 잊지 말라.

'형용사 그룹 위치'에 동사를 선택하는 결정 기준은 단연코 명사이다. 명사한테 물어보면 100% 깔끔하게 해결된다.

흔히들 말하는 것처럼 '~ 이면 doing'이고 '~되는'이면 pp^(ed)를 사용한다는 것은 잘못된 한국어적인 사고방식이다.

아래를 보자.

a. 회사에서 보내는_____

  - sending in the company (?)

b. 사무실에서 보내지는_____

  - sent in the company (?)

기존의 방식대로라면 '보내는'은 'sending'으로 '보내지는'은 'sent'로 쓸 것 같지만 영어에서는 그런 것은 절대 통하지 않는다. 아주 약간의 감각만 있다면 a와 b의 밑줄에는 명사가 들어오는 위치임을 알 수 있다.

수식을 받는 명사가 동사를 일으키는 주체라면 **doing**으로 수식을 받는 명사가 동사의 행동을 받는 객체라면 **-ed**(pp)를 사용하면 만사형통

〈 **형용사어가 길어지면 명사 앞이 아니라 뒤로 보내는 이유** 〉

형용사어가 길어져서 명사 앞에 나오면 정작 중요한 명사가 형용사어에 가려 잘 보이지 않는다. 형용사어가 길어지는 경우라면 형용사어 위치를 동사나 절(S+V 형태로)로 채울 때인데 이때 동사와 주술을 연결하는 기준점이 바로 명사이기 때문이다.

기준점을 먼저 제시하고 그 명사의 성질에 따라서 '형용사어'를 동사나 주술에 맞추어서 연결하자는 아주 실용적인 접근 방법이다.

다음 빈칸을 형용사어 위치로 생각하고 동사를 올바른 형태로 변형해 보자.

핵심_ 형용사어 위치의 기준점은 명사라는 점을 이용해서 명사가 그 동사의 주체인지 객체인지만 파악하면 된다. 주체라면 ing를 객체라면 -ed(pp)를 사용한다.

① A book (writing / written) by famous author

절로 _____

② An office (rebuilding / rebuilt) ten years ago

절로 _____

③ People (applying / applied) for LG

절로 _____

④ People (studying / studied) Chinese

절로 _____

⑤ A pot of milk (delivering / delivered) in the office

절로 _____

⑥ A purse (stealing / stolen) by a thief

절로 _____

형용사 그룹 '위치' 표현하기

⑦ A picture (painting / painted) by skilled artists

절로 _____

⑧ A bird (shooting / shot) to death

절로 _____

⑨ A book (writing / written) in Japanese

절로 _____

⑩ A computer (repairing / repaired) by a service man

절로 _____

다음 빈칸을 형용사어 위치로 생각하고 동사를 올바른 형태로 변형해 보자.

① A student (disappointing / disappointed) with the result of the examination

절로 _____

② People (surviving / survived) in the battle

절로 _____

③ People (taking / taken) a big lesson

절로 _____

다음 빈칸을 형용사어 위치로 생각하고 동사를 올바른 형태로 변형해 보자.

① A student (disappointing / disappointed) with the result of the examination

절로 _____

② People (killing / killed) in the battle

절로 _____

③ People (taking / taken) a big lesson

절로 _____

④ An employee (sending / sent) to this company this week

절로 _____

⑤ An employee (sending / sent) a file to this company

this week

절로 _____

⑥ An event (delivering / delivered) a present

절로 _____

⑦ A present (delivering / delivered) within a box

절로 _____

⑧ The (existing /existed) God

절로 _____

⑨ Employees (remained / remaining) in the office.

절로 _____

⑩ Several students (promoting / promoted) to a upper
   level

절로 _____

빈칸에 목적어가 필요한지 그렇지 않은지를 판단해 보자
단, ( )는 형용사어 위치라는 전제이다.

① Relatives (served)

절로 _____

② Waitress (serving)

절로 _____

③ Employees (sending)

절로 _____

④ Employees (sent)

절로 _____

⑤ Some neighbors (living)

절로 _____

⑥ Some candidates (speaking)

절로 _____

⑦ Some clue (existing)

절로 _____

⑧ Some equipments (sending)

절로 _____

⑨ Students (learning)

절로 _____

⑩ Some authors (arriving)

절로 _____

〈바람직한 어순으로 배열하기〉

형용사구로도 표현해 보고 형용사절로도 표현해 보자.

① 동경에 사는 사람들은 높은 렌트 비용을 갖는다.

(live / people / a high rental cost)

② 회사에 남아있는 직원들은 그들이 했던 일을 리뷰하는 시간을 가질 것이다.

(remain / what / have / time)

③ 이 지구상에 존재하는 모든 식물들은 물 없이는 살 수 없다.

(exist / live / without / water)

④ 아기를 돌보는 그 여자는 일을 그만둘 겁니다.

(take care / quit the job)

⑤ 인터넷에서 구입한 모든 게임 아이템들은 당신의 노트북에

다 저장됩니다. (purchase / store)

⑥ 회사의 새로운 정책에 실망한 사람들은 새로운 CEO를 선출

할 겁니다.

(disappoint / new policy / elect)

⑦ 새로운 제품을 개발하는 연구원들은 제임스에 의해서 쓰여

진 많은 사례들을 참고한다.

(professor / new product / make / refer to sth / write)

⑧ 중국어를 말하는 사람들이 더 좋은 일을 구한다는 것은 사

실이다.

(speak Chinese / true / get a better job)

⑨ 당신의 일은 창고에 쌓아둔 책들을 3층에 있는 복도로 옮기는 것을 돕는 것이다.

(job / store / move / help / hallway)

〈심화학습〉

아래 두 문장은 영어에 부적합한 표현이다.

- **Ability speaking Chinese** - 중국어를 말하는 능력?
- **A place eating food** - 음식을 먹는 장소?

우리말로는 전혀 문제가 없으나, 영어의 관점에서 보면 전혀 말이 통하지 않는다. 영어에서는 '형용사 그룹 위치'에 들어오려면 수식을 받는 명사가 주체이든지, 객체이든지 둘 중 하나가 되어야 한다.

〈형용사 그룹 위치를 절*(S+V 형태로)*로 표현하는방법〉

우리의 현재 학습위치를 다시 한 번 확인해 보자. 하나의 명사가 나오고 그 명사를 무엇으로 표현하는 방법인가? 바로 절로 표현하는 방법이다. 절이라 하면 '~ 가 ~ 하다'이다.

명사를 '~가 ~ 하다'라는 절의 틀을 이용해서 보충 설명해 주는 부분이다.

다음 문장을 보자!

우리가 배우는 영어

'우리가 배우는' 이라는 부분은 '영어'를 꾸미는 형용사어이다. 일단 영어는 형용사어가 두 단어 이상으로 길어지면 뒤로 보낸다는 사실을 다시 한 번 상기시켜 보자.

이를 다시 영어 어순으로 가보면 '영어'가 먼저 나오고 '우리가 배우는'이라는 부분을 절의 방법으로 다시 전개해 보는 것이다.

1. 영어 [우리가 배우는 = X]
   - 절은 '~가 ~ 하다'인데 위의 내용은 '~가 ~ 하는'이라는 어미를 취하고 있다.

2. 영어 [우리가 배운다. = X]
   - 절은 만들어졌다. 그러나 중요한 것은 '무엇을'이라는 타동사의 목적어가 없다.

그럼 이렇게 하자.

영어 + [영어를 우리가 배운다]

이럴 때 '영어'가 두 번 등장하게 된다는 것을 알 수 있다. 앞에 나온 명사를 '앞에 온다.' 해서 선행사라고 이름을 지은 것이다. 뒤에 오는 명사를 관계대명사로 표현한다. 관계사로 표현할 때 무조건 선행사와 동일한 명사를 묻지도 따지지도 말고 한 번 더 사용해야 한다.

자, 연습해 보자.

① 내가 사랑하는 선생님들

_____

② 나를 사랑하는 선생님들

_____

③ 어제 내가 본 영화

_____

④ 내가 당신에게 보낸 선물

_____

⑤ 내가 샀던 의자

_____

- '의자가', '의자는'이라는 말은 전체절의 틀에서 보면 맞지 않
  는다는 것을 알 수 있다.

⑥ 다리가 부러진 가구

_____

⑦ 비밀 정보를 내가 보낸 나의 편지

_____

⑧ 우리가 아침마다 신문을 보는 이유

_____

⑨ 나와 함께 뉴욕에 간 나의 친구

_____

〈위치 표현하는 방법〉

자, 정리하면 다음과 같다.

1. 명사 하나를 쓴다.

2. 그 명사 다음에 똑같은 명사를 하나 더 쓴다.

3. 첫 번째 명사 다음부터 완전한 절을 만들어 준다.

4. 두 번째 명사는 6하원칙을 이용한 관계사를 사용하면 된다.

관계사의 종류

- 사람을 대신 받는 who

- 사람이 아닌 것을 대신 받는 which

- 장소를 나타내는 where

- 시간을 나타내는 when

- 방법을 나타내는 how

- 이유를 나타내는 why

what은 예전에 살펴보았던 것처럼 막연한 대상을 지칭할 때 쓰는 말인데 여기에서는 바로 앞에 있는 명사(선행사)를 받으므로 사용 불가하며 대신 구체적 대상을 일컬을 때 쓰는 which를 사용한다.

형용사어 위치를 절로 표현하는 것도 결국 핵심은 명사를 무겁게 읽는 것이다. 즉, 명사 다음에 형용사어가 나올 것이라는 직감을 이용하는 것이다.

1. 명사 다음을 형용사어 위치로 감지한다.

2. 정보가 부족한 명사 다음에 동일한 명사를 한 번 더 사용한 다*(정보가 부족한 명사를 뒤의 명사보다 앞서나 온다고 해서 선행사라고 한다. 그리고 반복되는 명사를 관계사로 표현한다)*.

3. 선행사 다음부터가 형용사절의 시작점으로 보고 절의 장치를 제시하면 된다.

   - 관계사절*(형용사절)*에서 가장 중요한 것은 절의 틀을 깨지 않는다는 것이다.

   - 절의 시작점은 선행사 바로 다음부터 이며 완전한 절의 틀을 채운다.

다음 밑줄 친 부분을 영어의 절 어순으로 변형해 보자. (절 깨지 않기)

ex) 그 신발을 파는 가게들 → 가게들 / 가게들이 판다 그 신발을

① 나를 사랑하는 그 여자

_____

② 내가 사랑하는 그 여자

_____

③ 어머니가 교수이신 그 아이

_____

④ 우리가 5년 전에 살았던 그 도시

_____

⑤ 우리가 중국어를 배우는 이유

_____

⑥ 내가 당신의 싸인을 받은 그 책

_____

⑦ 당신이 나의 책을 보관한 캐비넷

_____

⑧ 나를 실망시킨 그 여자

_____

⑨ 나의 친구를 안아준 그 남자

_____

　'형용사어'를 위와 같이 절의 형태로 변형할 수 있다면 지금 당장 영작도 가능하다.

　① 선행사 다음에 오는 명사를 관계사로 대신한다.

　② 선행사 바로 다음부터 절의 틀을 끝까지 지킨다.

〈관계사의 종류〉

선행사

주격 소유격 목적격

사람 who whose whom

사람이 아닌 것 which whose / o f which which

공용 that X that

　관계대명사의 대부분은 **that**으로 사용하는데 그 이유는 다음과 같다.

　① 먼저 사람인가 아닌가를 구별할 필요가 없다.

　② 주격과 목적격 형태가 동일하다.

　관계부사

　'전치사 + 관계대명사'를 한 단어로 표시하는 방법으로 매우 경제적인 방법이다

관계부사종류

전치사 + 관계대명사가 장소의 느낌으로 해석되면 where

전치사 + 관계대명사가 시간의 느낌으로 해석되면 when

전치사 + 관계대명사가 방법의 느낌으로 해석되면 how

전치사 + 관계대명사가 이유의 느낌으로 해석되면 why

해석 방법

① 선행사를 보고 형용사어가 나옴을 직감한다.

② 선행사 바로 다음부터 절의 시작점으로 본다.

③ 관계사에 선행사를 대입해서 '~가 ~ 하다' 식으로 앞 명사
   를 보충 설명한다.

We need people who will read our books.

우리는 필요로 한다. 사람들을 [그 사람들은 읽을 것이다 / 우
리의 책들을]

We need people whose names are written on the list.

우리는 필요로 한다. 사람들을 [그 사람들의 이름은 적혀져 있
다 / 리스트에]

We need students whom Jane will send to our office.

우리는 필요로 한다. 학생들을 [그 학생들을 제인이 보낼 거야. / 사무실로]

We need people with whom Jane will study.

우리는 필요로 한다, 사람들을 [그 사람들과 함께 제인은 공부를 할 거야]

다음 밑줄 친 부분을 정확하게 해석해 보자. 선행사에 밑줄을 긋고 절의 시작점과 끝점을 표시한다.

① Many of life's successes are people who did not realize how close they we are to fail when they gave up.

② Teachers look students who help each other, take pride in their subject, and revive a pleasant studying circumstance.

③ Never go to a restaurant of which toilet basements were dirty.

관계사의 생략

1. 목적격 관계대명사 2. 관계부사 3.주격관계대명사 + be동사

왜 관계사를 생략할까? 생략은 '없다'라는 말이 아니라 없어도 있는 것처럼 생각하라는 의도이다. 유리문처럼 생각하면 된다. 유리문이 눈에 보이지 않지만 없다고 생각하면 유리가 깨지든 몸의 일부가 망가지든 둘 중의 하나가 될 것이다.

생략은 굳이 말하지 않아도 모든 사람들이 알 수 있기에 생략하는 것이다. 그러나 영어 학습자들에게는 순간적으로 감당하기 어려울 수도 있다.

a. The office I bought last year has open landscape.

b. The office I worked last year has open landscape.

c. The woman I was search for didn't appear.

위의 문장을 아무 생각 없이 보면 느닷없이 주어 다음에 또 주어처럼 생긴 명사가 나온다. 갑갑해 할 필요 없다.

자, 아래 문장을 보자

a. The office (that) I bought last year has open landscape.

b. The office (where) I lived last year has open landscape.

c. The woman (whom) I was waiting for didn't appear.

관계사 귀환시키기

관계사를 귀환시키기 위해서는 일단 명사 다음에 명사가 바로 나오는 경우는 없다는 것을 인정해야 한다. 그리고 가장 중요한 것은 명사를 무겁게 읽는다는 것이다. 명사를 무겁게 받았는데 갑자기 명사가 또 등장하면 일단 1. 목적격 관계 대명사와 2. 관계부사 둘 중의 하나가 생략 되었다고 본다.

그런 후에 아까 무겁게 읽어야 한다는 명사 다음부터 마음속에 완전한 절을 하나 그려보자.

다시 보면 뒤에 완전한 절이 보이면 관계부사가 생략된 것이고 목적어가 빠져있는 절이면 목적격 관계대명사가 생략된 것이다. 명사 다음에 명사가 바로 나올 수 없다는 성질과 관계사는 절을 만든다는 성질을 이용해서 아주 실용적으로 사용하는 경우이다.

다음 예문에 생략된 관계사를 채워 넣어 보자.

① In my old catalogues are some of the presents _____ I will never forget.

② This is the hotel_____ we stayed for a week.

③ summer is the season_____ people begin to swim on the beach.

④ Winter is the season_____ He like best.

⑤ This is the new method_____ we learn Chinese easily.

〈심화학습〉

명사절을 이끄는 that과 관계대명사 that은 전혀 다르다.

명사절을 이끄는 that과 관계대명사 that은 성질 자체가 다르다.

• That I lover her is not true.

완전한 절을 '명사 그룹'처럼 읽으라는 표시이므로 주어가 '~한다.'를 주어가 '~한다는 것'으로 해석하면 된다. **That** 다음에 완전한 절*(주어+동사 형태)*이 나온다.

I loved her. 나는 그녀를 사랑했다

That I loved her 내가 그녀를 사랑했다는 것

• This is the office that my mother bought 7 years ago.

  명사절을 이끄는 that과는 달리 who나 which라는 명사를 대신해서 사용하는 장치로 절에서 명사의 역할(주어, 목적어, 보어)을 해야 한다. That 다음에 완전한 절이 나오지 않으며 that을 포함해서 완전한 절이 만들어진다.

관계대명사의 두 가지 용법

① 한정적 용법 : 관계사 절이 명사를 보충 설명해주는 경우

I have two daughters who became a teacher.

② 계속적 용법 : 관계사 절이 명사를 보충 설명해 주기보다는 새로운 정보의 연결 기능을 경우로, 관계사 앞에 콤마를 덧붙여서 앞 문장과의 쉼을 표시한다.

I have two daughters, who became a a teacher.

관계대명사 that을 사용할 수 없는 경우

① 관계대명사 that 앞에 ', '(comma)가 있을 때

I have two sons, **that** became a teacher.(X)

② 관계대명사 that 앞에 전치사 있을 때

The company for **that** I applied last year ranked 1st global one.(X)

제5장

어순 감각 내비게이터 :
동사 그룹 위치 및 표현

Be 동사 : be + 명사

단어로 명사 보어 위치 표현하기

영어에서 '명사 그룹 위치'라면 3가지 주어 위치, 목적어 위치, 보어 위치를 말한다. 보어라면 엄밀히 따져서 형용사 보어와 명사 보어로 나눌 수 있는데, 여기에서는 명사 보어를 살펴보자.

be동사의 주된 기능은 형용사나 명사를 구*(동사+ing/동사_ed)*로 바꾸어주는 장치이다. 그렇다면 형용사가 나올 때와 명사 그룹이 나올 때 다른 점은 무엇일까? 바로 주어와 동급 관계가 형성되는가, 그렇지 않은지 여부다.

- I am receptive = O
- I am reception = X

be동사 다음에 명사 그룹이 나오려면 무조건 주어와 동급 관계가 형성되어야 함을 기억하라.

〈위치 표현하는 방법〉

- 명사보어 위치를 단어 하나로 표현하려면 명사를 사용하면 된다.
- be동사 다음에 명사 그룹이 나오면 주어와 동급 관계라는 점을 고려하여, 주어 위치를 표현하는 방법을 그대로 적용하면 된다.

〈해석하는 방법〉

- A is 명사 [주어 = 명사]
- A는 명사이다.

구(동사+ing/동사_ed)로 명사 보어 위치 표현하기

우리가 현재 학습하고자 하는 부분은 be동사 다음에 명사 그룹을 집어넣는 방법인데, 그전에 명확하게 할 것은 be동사 다음에 명사 그룹이 나오면 주어하고 동급 관계라는 점이다.

주어와 동급 관계라면 그것을 전달하는 방법이나 체계도 동일하다. 이 위치에 표현하는 것은 모조리 다 주어 위치에서 배운 것을 그대로 적용하여 이동만 시키면 된다는 말이다.

제5장 어순 검사·내비게이터 : 동사 그룹 위치 및 표현

〈위치 표현하는 방법〉

주어 위치에서 배웠던 것처럼 기본형은 동사에 ing를 붙여서 만든 동명사 형태를 사용하면 된다. 또한 '앞으로'라는 미래의 정보를 더 추가하고 싶으면 to를 붙이면 된다. 단, 약간의 의미상의 차이점은 존재한다. 명사보어 위치에서 항상 기억할 것은 주어와 동급 관계라는 점이다.

다음을 올바른 형태로 바꾸어 보자

① My hobby is (read) books.

② My dream is (be a great singer).

③ Apple's global strategy is (alleviate) i-phone carriers'

prides around the world.

④ Our outcome is (increase) its sales in China at the end of the month.

〈해석 방법〉

· be + ing ~ 한다는 것이다
· be + to do 앞으로 ~한다는 것이다.

My hobby is reading books.
나의 취미는 [책을 읽는 것이다]
(단, 반드시 주어와 동급 관계가 형성되어야 한다.)

cf) He is to submit his report by the day after tomorrow.

다음 밑줄 친 부분을 정확하게 해석해 보자.

① My aim is to get a high score on the examination.
나의 목표는＿＿＿＿＿＿＿＿＿＿＿＿ / 그 시험에서.
(my aim = to get a high score on the examination)

② My hope is to live in this country at the age of 50.

　　나의 희망은＿＿＿＿＿＿＿＿ 50살에

　　(my hope = to live in this country at the age of 50)

③ Our suggestion is to stop the demo on the seoul city.

　　우리의 제안은＿＿＿＿＿＿＿＿＿＿＿＿＿＿＿ .

　　(our decision = to stop the demo on the seoul city)

〈바람직한 어순으로 배열하기〉

① 읽는 것이 공부하는 것이다

　　(read / study)

② 우리의 목표는 우리의 경쟁사를 12월에 우리 회사로 사들인다는 것이다.

　　(AIM / company / December / competitor / buy)

③ LG의 목표는 캐나다에서의 냉장고 판매량을 증가시킨다는 것이다.

　　(goal / sales volume / refrigerator / increase)

④ 당신의 목표는 아이들이 서울 대학에 입학하는 것이라는 것
   을 우리는 잘 안다.
   (aim / enter / child / know)

⑤ 당신의 취미가 중국에서 나온 도자기 수집하는 것이라는 것
   을 우리는 알았다
   (hobby / ceramic / collect / know)

절(S+V 형태로)**로 명사 보어 위치 표현하기** – that절

be동사 다음에 명사 그룹이 나오면 주어와 equal 관계라는
점을 이용하면 주어 위치에 사용했던 명사 그룹 만드는 방법과
동일하다는 점을 알 수 있다.

1. '주어 + be'다음에 that이 나오면 주어 + 술어의 완전한 절
   을 채우면 된다.
2. '주어 + be'다음에 wh가 나오면 wh를 포함해서 완전한 절
   을 만들면 된다. 다시 한 번 wh~형식 절의 성질과 wh의 품
   사들의 중요성이 느껴지는 부분이다.

다음 빈칸에 들어갈 수 없는 말들을 골라보자. 또한 be동사

중심으로 앞에 있는 주어와 뒤에 나오는 명사보어가 서로 동급
관계임을 의미적으로 느껴보자.

① Our hope is ____ we know how we could solve this
problem. (that / what/ whose/ which)

② Our question is _____ Jane didn't send the email in
time for our event.
(what / which/ that / when/ where/ how/ why)

③ Our estimation is _____ the price of oil will rise in
the third quarter of next year.
(what / when / that / where / how)

④ Our question is _____ we need to read english
newspaper well. (what / that / when / where / why)

⑤ The purpose of the broadcast system is ____ we will
deliver the news of the people.
(what / that / when / where)

명사절로 that절이 들어오는 경우

S + be + [that 주어 술어]

주어는 ~이다 / 주어가 ~한다는 것

다음 밑줄 친 부분을 정확 하게 해석해 보자.

① Their issue is <u>that they don't have enough time</u>.

② Their issue is <u>that they do not do their best to perform their duties to protect their nation</u>.

③ The affirmative point is <u>that we have enough money to care for our children</u>.

명사절로 'wh~ 형태' 절이 들어오는 경우

S + be + [wh~ 형태 .... 절]

주어는 ~ 이다 [누가/무엇/언제/어디서/왜/어떻게 ......하는가]

단, What은 '~(하는) 것'으로 해석이 가능하다.

다음 밑줄 친 부분을 정확하게 해석해 보자.

① The most significant thing is <u>how you tackled the</u>

issue.

② The most important point is <u>when we should export products to China to make the biggest revenue</u>.

③ The issue is <u>how fast our partner can deliver our goods to clients</u>.

〈바람직한 어순으로 배열하기〉

① 내년의 나의 목표는 중국어로 쓰고 말하는 것이다.

(aim for next year / write and speak)

② 내가 정말로 걱정하는 것은 당신이 무엇을 공부해야 할지 모른다는 겁니다.

(nervous / what you should study)

③ 내가 기쁘게 만드는 것은 내가 너희들과 같은 좋은 친구들과 같이 산다는 것이다.

(what makes me delightful / friends)

④ 그의 걱정 중에 하나는 그들이 얼마나 열심히 공부해야 하는지를 모른다는 겁니다.

(one of his worries / how / hard / know)

⑤ 나의 일은 우리의 국민들이 더 건강하고 더 편안하도록 만

드는 것을 돕는 겁니다.

(people / healthy / comfortable)

be 동사 + 형용사 보어

〈위치 개념 파악하기〉

be동사 다음에 오는 필수 장치로는 명사나 형용사가 있는데, 주어와 동급 관계라면 명사를 사용하고 그렇지 않다면 형용사를 선택해서 형용사의 원래 뜻인 '하는'이라는 의미를 '~ 하다.'라는 구(동사+ing/동사_ed)로 바꾸어 주면 된다.

다시 한 번 be동사는 형용사나 명사를 구(동사+ing/동사_ed)로 바꾸어 주는 장치라는 점을 기억하자.

I am _____ (responsibility / responsible)

참고) be동사 다음에 부사가 오는 경우가 있는데 이것은 뒤에
오는 형용사를 꾸미기 위해서 사용하는 장치이다.

I am very faithful.

〈해석하는 방법〉

주어 + be + 형용사 (~ 하는)
~가 ~ 하다

다음 밑줄친 부분의 해석의 차이점을 비교해 보자.

<u>People worried about</u> this issue.

<u>People are worried about</u> this issue.

<u>People poor at</u> speaking French.

<u>People are poor at</u> speaking French.

<u>People dissatisfied with</u> their career.

<u>People are dissatisfied with</u> their career.

<u>**People willing to start up**</u> business for their family.

<u>**People are willing to start up**</u> business for their family.

<u>**People fond of**</u> music.

<u>**People are fond of**</u> music.

be동사 다음에 오는 '전치사+명사'

'전치사 + 명사'는 하나의 의미 단위로 문장에서는 부사어나 형용사어로 사용된다. 안타깝게도 영한사전에는 대부분 부사어 처럼 해석하게 나와 있다. 형용사어로 사용됨을 절대 잊지 말아야 한다. 일단 be동사 다음에 오는 '전치사 + 명사'는 형용사어로 보면 된다.

밑줄 그은 부분을 정확히 해석해 보자.

- <u>**A person in office A**</u> is from London.
- <u>**A person is dancing in hall A**</u>.

- <u>**A person in attendance**</u> at the seminar.
- <u>**A person is in attendance**</u> at the seminar.

〈바람직한 어순으로 배열하기〉

① 우리는 우리의 노력이 우리의 행복을 보장한다는 것을 잘
안다.

(effort / guarantee / happiness)

② Mr. K는 제품의 판매를 책임진다.

(in charge / sales / products)

③ Mr. K는 우리들의 행복을 위해서 매우 성실하다.

(faithful)

④ 그들이 원하는 것은 그들의 자녀들을 위해서 필수적이다.

(want / what / essential / child)

⑤ 얼마나 빨리 우리가 중국어를 배우는 가는 우리의 목적을
어디에 놓느냐에 달려있다.

(how / quickly / set one's aim)

⑥ 많은 부모님들은 자녀들의 성과에 만족했다.

(satisfy / outcome)

⑦ Joseph은 Linda와 7년 동안 사귄 후에 마침내 결혼했다.

  (finally / make friends with / marry)

⑧ 그들의 사무실은 필요 없는 것들로 가득하다. (full)

⑨ 조셉은 그의 영어의 유창함 때문에 유명합니다.

  (famous / English fluency)

⑩ 그들은 우리의 보살핌을 필요로 한다. (in care)

〈심화학습〉

pp*(Past Participle)*의 용도는 무엇일까?

흔히 수동태라는 것을 배울 때 너무 공식에 치우쳐서 실제 의미를 놓치는 경우들이 많다. 예를 들면 수동태면 무조건 be + pp + by 등으로 공식화시키는데 이는 영어를 더 힘들게 만드는 것이다.

pp를 흔히 과거분사*(past participle)*라고 하는데 우리말에 분사라는 개념이 없으며 과거라는 말에 시제의 개념이 잘못 적용될 수 있으니 일단 쉽게 접근해 보자. 그냥 '수동 형용사' 말 그대로 동작을 받는 입장에서 해석을 하되, 품사는 형용사이다.

다음을 '수동 형용사'의 의미로 해석해 보자

· 때리다 : _____

· 말하다 : _____

· 만족시키다 : _____

· 사랑하다 : _____

· 주다 : _____

· 승진시키다 : _____

〈바람직한 표현으로 수정하기〉

①   a. These people poor at speaking French.

    b. These people are poor at speaking French should review after class.

②   a. Our teacher fond of drawing diagram on the blackboard.

    b. Our teacher is fond of reading books usually goes to the bookstore to get a new one.

③   a. We will repair your product if you dissatisfied,

    b. Clients are dissatisfied will be repaired.

변신한 타동사

be + 형용사 *(변신한 타동사가 목적어를 거느리는 방법)*

오리지널 타동사와 변신한 타동사

오리지널 타동사란 우리가 흔히 아는 일반 동사의 형태로 만들어진 타동사를 말하며, 변신한 타동사란 'be+형용사' 의미적으로 목적어가 나와야 소통이 되는 경우를 일컫는 말이다.

오리지널 타동사가 목적어를 받는 방법

우리가 첫 장에서 주어, 목적어, 보어를 묶어서 명사 그룹 위치라고 했던 점을 기억해 보자. 주어에서 사용했던 문장의 일부

를 만드는 방법을 보어나 목적어 위치에서 그대로 재활용하는
것이다.

주어 타동사_____

1. 단어로 표현하는방법 : 명사를 쓰면 된다.
2. 구(동사+ing/동사_ed)로 표현하는방법 : 동사에 ing를 붙이거
   나 '앞으로'의 어감을 주고 싶다면 to로 대체한다.
3. 절(S+V 형태로)로 표현하는 방법 : that이나 wh~ 형태로 절을
   진행한다.

변신한 타동사가 목적어를 받는 방법은 좀 다르다. 아무래도
변신한 타동사는 오리지널 타동사와 태생이 다르다 보니 목적
어를 단어로, 동사로, 절(S+V 형태로)로 받는 방법이 약간은 다르다.
이 부분을 학습하도록 하자.

〈위치 개념 파악하기〉

① 변신한 타동사가 명사를 목적어로 받는 방법
이 경우에는 반드시 전치사를 사용해야 한다. 단어들 중에서
명사를 바로 물 수 있는 것은 오직 타동사뿐이며, 그 외의 경우는

모두 전치사를 사용해야 명사와 연결이 가능하다. 또한 여기에서 그치지 않고 전치사 다음에 명사만을 고집하지 않고 동명사나 의문사절도 나올 수 있다는 사실을 잘 기억하자.

- I am fond of his style.
- I am fond of dressing up.
- I am fond of what I should dress up to stage on the show.

② 변신한 타동사가 동사를 목적어로 받는 방법

두 번째 방법으로 동사를 목적어로 취하는 방법이 있다. 이때는 바로 동사 앞에 to를 사용해서 전달하면 된다. 이럴 때 to 또한 '앞으로'의 어감이 포함된다. 단, 형용사가 감정의 말이 되면 to를 쓰더라도 '앞으로'의 어감은 사라지고 '하게 되어서'라는 이유의 의미로 사용된다.

- I am willing to speak French well.
- I am responsible to end this event.
- I am reluctant to watch what is showing on TV.

③ 변신한 타동사가 주술을 목적어로 받는 방법

변신한 타동사가 목적어를 절로 받고자 한다면 '절 들어옵니다.'라는 신호 장치인 that이나 wh~형태를 먼저 쓰고 나머지 절의 형태를 붙여주면 된다.

- I am satisfied that he can join us.
- I was amazed that I just sit down there without going where to go.
- I am very happy that she has helped him with this issue.
- What they are doing now is familiar to what they did seven years ago.

다음 밑줄 친 부분을 정확하게 해석해 보자.

① They are very sorry for <u>what they did yesterday</u>.

② They are fond of <u>drawing pictures</u>.

③ They are sure what they should do to <u>end their task on time</u>.

④ They are sure of <u>his promotion</u>.

⑤ They are dissatisfied with <u>the outcome of the project</u>.

⑥ They are disappointed with <u>your attitude</u>.

⑦ They are disappointed with <u>what you have done to employees</u>.

⑧ Susie was delighted at <u>receiving so many gifts</u>.

〈바람직한 어순으로 배열하기〉

① Susie는 많은 선물들을 기뻐했다. (delight)

② Joseph는 태도의 중요성을 잘 안다.
(aware / attitude)

③ 그들은 그들의 진급을 확신한다. (confident / promotion)

④ 당황스러운 것은 작가들이 그들의 현실을 모른다는 것이다.
(what / perplex / ignorant / reality)

⑤ 사람들을 실망시키는 것은 회사가 그들의 요구에 둔감하다는 것이다.

(what / disappoint / not sensitive / our requirements)

⑥ 이 프로젝트의 결과들은 동경에 사는 사람들의 현실을 보여준다.

(project / result / indicative / reality)

⑦ 대부분 그들은 시위라는 생각에 매우 저항적이다.

(demonstration / idea / resistant)

⑧ 그가 말한 것은 우리가 더 밝은 전망을 희망하게 만듭니다.

(what / say / make / hopeful / brighter prospect)

⑨ 그는 여전히 승리를 열망한다고 말했다.

(enthusiastic / victory)

⑩ 그는 그 경기를 지는 것을 두려워합니다.

(lose /game / afraid)

다음을 정확하게 해석해 보자

① He is ready to send email to his client on time.

② You should be responsible to teach your children.

③ They are willing to believe that anyone could succeed such in his/her life.

예외) 감정의 말 + to do 처리 방법 : 감정의 말 다음에 오는 to do는 '앞으로'의 의미 없이 '~하게 되어서'

- I am happy to hear that you passed the test.
- He was shocked to hear that she divorced 3 years ago.
- She is lucky to pass the audition without any help.

be + 형용사 *(변신한 타동사 – 구(동사+ing/동사_ed)로 목적어위치 표현하기)*

〈위치 개념 파악하기〉

'be + 형용사' 변신한 타동사인 경우에 목적어를 구(동사+ing/동

_사_ed)로 받고자 한다면 **to do**만 사용하면 된다. 이럴 때 **to** 또한 '앞으로'의 어감이 포함된다. 단, 형용사가 감정의 말이 되면 **to**를 쓰더라도 '앞으로'의 어감은 사라지고 '~하게 되어서'라는 이유의 의미로 사용된다.

  ex) I am sorry to be late for the class.

  한 가지 유의할 것은 동명사는 이 위치에 바로 쓰지 않고 전치사 뒤에 사용한다는 점을 잘 기억하자.

  다음을 정확하게 해석해 보자

① He is ready to send email to his client on time.

② You should be responsible to teach your children.

예외) 감정의 말 + to do 처리 방법 : 감정의 말 다음에 오는 to
    do는 '앞으로'의 의미 없이 '~하게 되어서'로 해석

  • I am sad to hear that you failed to pass the exam.

  • I was shocked to hear that you moved out.

  • You are lucky to pass the exam without any effort.

〈바람직한 어순으로 배열하기〉

① 많은 오디션을 볼 준비를 했습니다.

   (ready / take an audition)

② 나는 기꺼이 최선의 노력을 다하고자 합니다.

   (eager / do one's best)

③ 우리는 그의 회사를 살리기 위해 자원을 그 프로젝트에 투
   자할 것을 꺼립니다.

   (reluctant / invest / resources / revive)

④ 사무실 밖에 있는 직원들은 애프터 서비스를 책임져야 합니다.

   (out of the office / provide after sales service /
   responsible)

⑤ 당신이 시험에 합격했다는 소식을 듣고 매우 만족했습니다.

   (pass the exam / satisfied)

제5장 어순 감각 내비게이터 : 동사 그룹 위치 및 표현

be + 형용사 *(변신한 타동사 – 절(S+V 형태)로 목적어 위치 표현하기 – that절)*

〈위치 개념 파악하기〉

'be + 형용사'가 변신한 타동사일 경우에 뒤에 목적어가 나와야 하는데 그 형태가 절일 경우에는 **that**으로 시작해서 절을 완성시키는 방법과 wh~형태로 시작해서 절을 완성시키는 방법이 있다.

다음을 올바른 형태로 채워보자.

① We were surprised _____ he won the gold medal in the olympic game.

    a. that   b. that   c. what   d. when

② I was surprised _____ he won the gold medal in the olympic game.

    a. to   b. when   c. that   d. where

③ He is satisfied _____ the outcome of your project.

    a. that   b. with   c. to   d. for

④ He is satisfied _____ his child got a best score on the

exam.

    a. that   b. what   c. with   d. who

⑥ I am happy _____ you performed for our institute last

year.

    a. to   b. that   c. what   d. when

⑦ The navigator is indicative _____ you can go to the

place in right way.

    a. that   b. what   c. which   d. who

〈해석 방법〉

주어 + be 형용사 + that 주술

주어가 ~하다 [~가 ~ 한다는 것을]

주어 + be 형용사 + wh......................절

주어가 ~하다 [누가/무엇/언제/어디에서/어떻게/왜 ~하는가를]

다음을 정확하게 해석해 보자

① I am happy that I have an opportunity to work with you.

② Many people are concerned that sales outcome is more important than effort.

③ We are not sure what we need to speak Chinese well.

④ He will become aware that she is a supreme person with her own ideas and portfolios.

⑤ He was embarrassed that he just sat down without knowing where to go.

⑥ They are unfamiliar with the problems which we are solving.

⑦ People studying hard are always confident that every subject will be mastered.

〈바람직한 어순으로 배열하기〉

① 사람들은 그 대책이 안전하다는 것에 만족합니다.

(people / alternative / safe / satisfied)

② 사람들은 그 정책의 명확함에 만족합니다.

(patient / policy / clarity / satisfied)

③ 그는 그녀의 진급을 확신합니다.

(sure / her promotion)

④ 그들은 당신이 진급하실 것을 확신합니다.

(sure / promote)

⑤ 나는 당신이 탁월한 매출 기록을 가지고 있다는 것에 행복합니다.

(happy / have a good sales record)

⑥ 그는 그 여자 친구가 똑똑하다는 것을 자랑스러워합니다.

(proud / smart)

⑦ 나는 내 여자 친구의 똑똑함을 자랑스러워합니다.

(proud / cleverness)

⑧ 그들이 그녀의 현재 태도에 만족한다는 것을 그녀는 알아야

합니다.

(satisfied / aware / attitude)

일반동사

동사 위치를 자구(동사+ing/동사_ed)로 표현하기

자동사와 타동사를 구별하는 방법

흔히 자동사와 타동사를 구별하는 데 학습자들이 많은 혼선이 오는 것이 사실이다.

기존의 자동사 타동사 구별방법

목적어가 있으면 타동사, 없으면 자동사?

I _____ to live there.

위의 말이 옳다면 최소한 to stay here가 목적어인지 아닌지 구별되어야 하는데 to 부정사는 목적어로도 쓰이고 부사어로도 쓰인다. 그럼 목적어인지 부사어인지 모르기 때문에 결국은 자타 구별을 목적어의 유무로 한다는 것은 한국어적 사고에서 나온 잘못된 방식이다.

그렇다면 어떻게 구별할 것인가?

일단 암기해야 하는 부분이 있지만, 암기하지 않고 의미로 접근해야 하는 부분도 있다. 일단 암기할 부분은 암기하고 그 외의 경우에는 순수한 의미로 접근하면 된다(암기할 부분은 아래에 나온다).

자동사라는 말은 별도의 장치가 없이도 상대와 소통이 자동으로 된다고 해서 자동사라 한다. 타동사라는 말은 혼자서는 소통이 되지 않아 별도의 다른 대상이 필요하다는 말이다. 이때 나오는 별도의 대상을 문법적 용어로 타동사라고 부른다. 의미에 기초하면 의외로 쉽게 해결되는 것이 자동사와 타동사의 구별이다. 언어는 소통에 기초를 둔다는 사실을 다시 한 번 새겨보자.

자동사와 타동사를 구별해야 하는 진짜 이유

자동사와 타동사를 구별해야 하는 이유는 다름이 아니라 자동사와 타동사 다음이 무슨 위치인가를 미리 파악하기 위함이다.

I _____ to receive an email.

빈칸에 들어갈 동사가 자동사라면 소통이 다 되었으므로, 뒤에 오는 것은 부사적 요소이다. 반대로 타동사라면 목적어가 필요하다는 의미로, **to send a file**은 목적어로 해석하면 된다.

I came to receive an email.

I promised to receive an email.

Tommy killed a guru.

Tommy died a guru.

< 바람직한 어순으로 배열하기 >

① 그는 지난 7년 동안 뉴욕에서 살았어요.

  (live / for the past seven years)

② 그 점원이 매장에서 사라진 후에 그의 매니저는 고객들에게 사과했다.

  (disappear / apologize)

③ 이 VOD를 본 후에 여러분들의 느낌을 표현하세요.

  (watch / express / feelings)

④ Tommy가 그녀를 기다리는 동안에 그는 집에 머물렀다.

(wait / stay)

⑤ 우리의 제품을 사용하시기 전에 당신은 제품 키트를 읽어
야 합니다.

(use / read / product kit)

⑥ 당신은 그 제품과 관련된 이슈를 조심스럽게 조사해야 합
니다.

(investigate / issue with something)

⑦ 음식물 쓰레기를 절대 버리지 마세요.

(food waste / dispose of)

⑧ 뉴욕에 도착하자마자, 죠셉은 그의 친척에게 전화를 했다.

(as soon as / arrive / a phone call / relative)

⑨ 우리는 세미나가 끝난 후에 언제 우리가 그의 사무실로
샘플 박스를 보낼 것인가에 대해 토론할 것이다.

(after seminar / send a sample box / talk about)

동사 위치를 타구(동사+ing/동사_ed)로 표현하기

다음을 정확하게 해석해 보자.

- Please inform them of any chances in his surroundings.
- His accident reminds us just how harmful using drunk driving can be.
- In the event of lack of money, you must notify the investor within a week that you go bankrupt.

〈바람직한 어순으로 배열하기〉

① 조셉은 린다가 바로 지금 입원해야 한다고 조언합니다.
  (advise / hospitalize / right now)

② 그들의 다음 모임은 10월 27일 이라고 당신에게 다시 알려 드릴게요.
  (inform / let)

③ 변호사들은 고객들에게 그 조치를 일주일 단위로 다시 적용

해야 한다고 조언한다.

(on a weekly basis / reapply / measures / lawyers /

clients)

④ 당신이 그에게 무엇이 핵심인가를 말하지 않으면 그는 당신

을 도울 수 없습니다.

(unless / tell / key point)

⑤ 그는 사람들에게 회사가 상당히 진보적이다는 것을 확신시

키기를 원합니다.

(would like / assure / progressive)

직접 목적어 거느리는 타동사

〈위치 개념 파악하기〉

대부분의 타동사는 직접 목적어를 거느리는 타동사이다. 앞
에서 배운 간접 목적어를 거느리는 타동사들을 암기한 후에 나
머지는 거의 직접 목적어를 묻다고 생각하면 된다.

이 부분에서 핵심은 직접 목적어를 3가지의 형태로 표현하는

방법이다. 주어 위치에서 학습했던 것처럼, 영어에서 주어, 목적어, 보어 위치를 '명사 그룹 위치'라 분류한다는 점에서 주어 위치에서 표현하는 3가지 방법을 그대로 사용하면 된다.

단, 유의할 것은 동사를 목적어로 바로 쓰는 방법인데, 동사를 '명사 그룹 위치'에 넣고자 하면 원래는 동명사인 **doing**을 사용해야 하나, 타동사가 '앞으로의 상황'을 필요로 한다면 **doing**만 사용하지 않고 **to**를 더해서 결국 **to do**로 변형한다는 점이다.

- 주어 + 타동사 + **doing**

  ~ 가 ~ 하다 ~ 한다는 것을

  I enjoy reading books.

- 주어 + 타동사 + **to do**

  ~ 가 ~하다 앞으로 ~할 것을

  I plan to send a few employees to the global office.

동사를 목적어로 거느리는 타동사들의 분류

▶ To 부정사와 동명사를 따로 쓰는 동사들

1) to 부정사를 목적어로 취하는 동사

- want, need, wish, hope, desire, expect, plan, aim,

decide, propose, offer, ask, promise, agree, refuse, fail, pretend, afford, manage

2) 동명사를 목적어로 취하는 동사

- enjoy, consider, suggest, recommend, finish, quit, discontinue, deny, delay, mind

▶ to 부정사와 동명사를 같이 사용하면서 의미가 달라지는 동사들

- remember, forget, regret

- I remember to give a sample to Mr. K. = I remember that I will give a sample to Mr.K.

- I remember giving a sample to Mr. K.= I remember that I give a sample to Mr. K.

- I forgot to change password. = I forgot that I should change password.

- I forgot changing password. = I forgot that I changed password.

올바른 단어를 선택해 보자.

① They plan _____ our business areas in West Europe.

(reduce / reducing / reduction / to reduce)

② They hope ____ the problems to some of these affairs.

(solving / to solve / that solve / how solve)

③ We don't know _____ long it will take to end the

project in Japan.   (what / when / where / how)

④ They did not mind _____ by the competitor at their

own game. (being lost / to lose / losing / that was lost)

⑤ A Germany company offered _____ basic level

stockholder by sending its manager.

(a advice / advise / to advise / advising) 여기서부터

⑥ They hope that global gurus can agree _____

investors from business risk.

(protect / to protect / that protect / what protect)

⑦ Experts suggest _____ actions beforehand to prevent accident on the road.

(take / to take / taking / that taking)

⑧ The suggestions include _____ the cost on raw material.

(decrease / decreasing / to decrease / that decreases)

⑨ We determined _____ the business trip until COVID-19 were more weakened.

(postpone / postponing / to postpone)

⑩ I would like to propose _____ something more thin for hot weather like this.

(put on / to put on / putting on)

〈바람직한 어순으로 배열하기〉

① 나는 출장갈 때 비밀번호 바꾸는 것을 잊었다.

(go on a biz trip / change password / forget)

② 그는 저녁에 가게를 닫아야 한다는 것을 기억하고 있다.

(close the store / remember / at night)

③ 제니는 어떻게 에세이를 쓰는가를 배우고 난 다음에 유학 가는 것을 결정했다.

(Jenny / how to write an essay / go to study abroad / decide)

④ 우리는 사업을 시작하기 전에 계좌를 개설하는 것을 고려해야 합니다.

(start up a business / consider / open an account)

⑤ 중국어 글쓰기를 배우기 전에 많은 문장을 읽어보는 것을 추천합니다.

(learn to write / read many sentences / suggest)

⑥ Joseph은 그 프로젝트에 가담했다는 것을 부인합니다.

(indulge in / deny / project)

⑦ 회사 리더들은 유럽으로 그들의 직원들을 보내는 것을 제안합니다.

(Company leaders / send / offer / their employees)

⑧ 나는 그녀를 제외한 어떤 사람과도 나의 어린 시절에 대해서 회고하는 것을 거절합니다.

(retrospect / with anyone but her / refuse)

⑨ 당신은 혼자 영화 보는 것을 즐기십니까?

(enjoy / watch movie / alone)

⑩ 그는 그녀를 1년 전에 마주쳤던 것을 기억합니다.

(encounter / remember / a year ago)

⑪ 그는 그녀를 미팅 후에 만날 것을 기억하고 있습니다.

(remember / hold a meeting / meet)

제6장

어순 감각 내비게이터 :
부사 그룹 위치 및 표현

부사그룹 위치 표현하기

1단계 단어로 부사 그룹 위치 표현하기

단어로 부사 그룹 위치를 표현하는 것은 별다른 어려움이 없다. 문장 내에서 부사의 기능에 맞게 해석만 제대로 하면 쉽게 아웃풋할 수 있다.

▶ 부사의 2대 기능

① 주로 동사/형용사/다른 부사를 꾸며준다.

   - 동사는 주로 뒤에서 꾸며 준다.

He swims well.

– 형용사와 다른 부사는 주로 앞에서 꾸며 준다.

This problem is too difficult.

He works very hard.

② 부사(구), 문장 전체를 꾸며 준다.

  – 구를 꾸며 주는 경우

He got up just at five o'clock.

  – 절을 꾸며 주는 경우

He likes her simply because she is young.

  – 문장 전체를 꾸며 주는 경우

Certainly he will succeed.

2단계 '부사 그룹 위치'를 구(동사+ing)로 표현하는방법

영어 문장에서 동사+ing의 구 형태로 분사나 분사 구문은 형용사의 역할을 하지만, 부사적 의미를 표현하는 경우가 있다. 부사적 의미라 함은 앞서 설명한 대로 동사/형용사/다른 부사를 꾸

며주거나 부사(구), 문장 전체를 꾸며 주면서 발생하는 해석상의
의미 변화다.

어순 감각 매트릭스	주어/목적어/ 보어 위치	명사 수식, 형용사 보어 위치	부사적 의미
형태 : 동사 + ing	동명사	분 사	분사 구문

어순 감각을 제대로 체득하기 위해서는 '동사+ing'형태가 문
장 내 위치에 따라서 그 기능이 달라지고 의미도 변화된다는 사
실을 알고 스스로 문장을 만들고 활용해야 한다.

〈위치 개념 파악하기〉

'동사+ing' 형태의 분사가 부사적 의미를 드러낼 경우, 콤마
를 동반하는 형식으로 표현된다. 보통 주된 문장을 꾸며 주면서
뒤에 위치하지만. 문장 맨 앞에 위치하는 경우도 있다. 어순 감각
을 익히기 위해서는 부사적 의미도 알아야 하지만 그보다 먼저
콤마를 동반한 문장 형태에 주목해야 한다.

1. 중심 문장의 뒤에서 꾸며주는 형태, 부사적 의미 : 동시 상
   황 표현

   He sat the near the stove, **holding** a book in his hand.

2. 중심 문장의 앞에서 꾸며주는 형태, 부사적 의미 : 이유 표현

<u>Living</u> in the country, we had few amusement.

3. 중심 문장의 앞에서 꾸며주는 형태, 부사적 의미 : 조건/방법 표현

<u>Turning</u> to the left, you will find it.

4. 중심 문장의 앞에서 꾸며주는 형태, 부사적 의미 : 양보의 의미 표현

<u>Admitting</u> what you say, I cannot yet believe it.

'동사+ing' 형태의 분사 구문이 콤마를 동반하지 않고도 부사적 의미를 표현하기도 하는데, 이 경우에는 분사 구문이 주절 다음에 위치한다. 동사+ing 형태의 위치에 주목하라.

The children ran into the house <u>calling</u> for her.

You will catch the cold <u>standing</u> in the rain.

He lost all that money <u>playing</u> billiards.

〈바람직한 어순으로 배열하기〉

Type 1. 부사적 의미 : 동시 상황 표현

① 그녀는 맨손 체조를 하면서 유튜브를 본다

(do freehand exercises / watch youtube)

② 그 작가는 보통 음악을 들으면서 글을 쓴다.

(write/ listen to music)

③ 네이버 지도를 보면서, 그 집을 찾았다.

(watch Naver maps / look for)

④ 땀을 닦으며 그녀는 청소하고 있었다.

(wipe her sweat / clean the house)

⑤ 노래를 부르면서 그녀는 운동하고 있었다.

(sing a song / do exercise)

⑥ 그 여자는 무대에 서서 발표를 했다.

(make a presentation / stand on the stage)

⑦ 나는 매뉴얼을 참고하면서 그 문제를 풀었다.

(refer to the manual / solve the problem)

Type 2. 부사적 의미 : 이유 표현

① 나는 긴 스커트를 입어서 오늘 몹시 덥다

(wear a long skirt / so hot)

② 너무 피곤해서 바로 잠자리에 들었다.

(feel so tired / go straight to bed)

③ 음식을 너무 많이 먹어서 그는 살이 많이 쪘다.

(too much food / gain a lot of weight)

④ 배가 아파서 약을 먹었다.

(have a stomachache / take medicine)

⑤ 할 일이 너무 많아서 산책할 시간이 없다.

(have so much work to do / go for a walk)

Type 3. 부사적 의미 : 조건/방법 표현

① 비행기로 가면 너는 어둡기 전에 그곳에 도착할 것이다.

(go by air/ get there / before dark)

② 밝은 옷을 입으면 그는 더 어려 보일 것이다.

(wear a bright clothes / look younger)

③ TV를 켜면 최신 드라마를 볼 수 있을 것이다.

(turn on / the latest drama)

④ 매일 일기를 쓰면, 책을 쓸 수 있을 것이다.

(keep a diary / write a book)

⑤ 매일 한 시간씩 걸으면 더 건강해 질 것이다.

(walk an hour / be healthier)

⑥ 10분간 저으면, 그 음식을 먹을 수 있다.

(stir it / eat food)

⑦ 복권에 당첨되면 그 일을 그만둘 것이다.

　(win the lottery / quit the job)

Type 4. 부사적 의미 : 양보의 의미 표현

① 이웃에 살고 있으면서도 나는 그녀를 거의 못 본다.

　(live next door / seldom see)

② 가난한 집에 태어났지만 대통령이 되었다.

　(born in a poor family / become a president)

3단계 '부사 그룹 위치'를 구^(동사+ed)로 표현하는방법

　영어 문장에서 '동사+ed'의 구 형태로 분사나 분사 구문은 형용사의 역할을 하지만, 부사적 의미를 표현하는 경우가 있다. 부사적 의미라 함은 앞서 설명한 대로 '동사+ed'의 구 형태가 문장 전체를 꾸며 주면서 발생하는 해석상의 변화다.

어순 감각 매트릭스	명사 수식, 형용사 보어 위치	부사적 의미
형태 : 동사 + ed	과거분사	과거분사 구문

어순 감각을 제대로 체득하기 위해서는 '동사+ed'형태가 문장 내 위치에 따라서 그 기능이 달라지고 의미도 변화된다는 사실을 알고 스스로 문장을 만들고 활용해야 한다.

〈위치 개념 파악하기〉

1. 중심 문장의 앞에서 꾸며주는 형태, 부사적 의미 : 동시 상황 표현

   Disgusted, he left the room.

2. 중심 문장의 앞에서 꾸며주는 형태, 부사적 의미 : 이유 표현

   Deeply shocked, I decided never to speak to her again.

3. 중심 문장의 앞에서 꾸며주는 형태, 부사적 의미 : 조건/방법 표현

   Properly treated, he is perfectly easy to handle.

4. 중심 문장의 뒤에서 꾸며주는 형태, 부사적 의미 : 조건/방법 표현

   He will not come **until invited**.

〈바람직한 어순으로 배열하기〉

① 질문 받을 때까지 나는 말하지 않겠다.

(speak / until asked)

② 다리를 다쳐서 그는 걷을 수 없다.

(wounded in the legs / walk)

③ 멀리서 보면 그것은 마치 사람 얼굴 같다.

(seen from a distance / look like)

4단계 '부사 그룹 위치'를 절(주어+술어)로 표현하는방법

어순 감각 매트릭스	명사 그룹 위치	형용사 그룹 위치	부사 그룹 위치
형태: 접속사+주어+술어,	That··········. Wh···············	That··········. Wh··············.	종속 접속사
절의 종류	명사절/의문사절	형용사절/관계사절	부사절/종속절

〈위치 개념 파악하기〉

부사의 문장 내에서 기능 중 부 문장 전체를 꾸며주는 것과
관련하여 한 단어의 부사가 아니라 '주어+술어' 형태를 가진 절

이, 중심 문장 전체를 꾸며주는 형태가 있다. 보통 중심 문장 앞에서 꾸며주지만, 중심 문장 뒤에서 꾸며주는 경우도 있다.

어순 감각을 익히기 위해서는 부사절에 대한 의미도 알아야 하지만 그보다 먼저 '접속사 + 주어 + 술어' 형태에 콤마를 동반한 문장 형태에 주목해야 한다. 그 외에 부사 그룹 위치를 표현하는 다른 형태에 대해서도 눈여겨 볼 필요가 있다.

1. 시간을 표현하는 부사절 형태

- 접속사 종류 : when~, while~, after~, till(until)~, as(when, while)~,whenever~

When(= As) I left the room, he entered the room.

Whenever I see the orphan, I remember his parent.

2. 장소를 표현하는 부사절 형태

- 접속사 종류 : where~, wherever~ ,where in~

Where others are weak, he is strong.

Whenever I see the orphan, I remember his parent.

He goes **wherever** he likes.

3. 이유를 표현하는 부사절 형태

- 접속사 종류 : because~, now that , As~

Mother is always busy **because** she has a lot of thing to do at home.

Now that you have finished your work, you may go home.

4. 조건을 표현하는 부사절 형태

- 접속사 종류 : if~, so long as~ , unless~

If he comes, I will go.

So long as I live, I will help you.

<u>Unless</u> he comes, I will go there.

5. 양보를 표현하는 부사절 형태

– 접속사 종류 : though~, even if~ , whether (or not)~

<u>Though</u> he loved the flower he bought the bird.

<u>Even if</u> my watch is right we shall be late.

<u>Whether (or not)</u> he comes, the result will be the same.

6. 목적을 표현하는 부사절 형태

– 접속사 종류 : (so) that~, in case~

He works hard <u>so that</u> he may succeed.

He works hard <u>in case</u> he should fail.

7. 결과를 표현하는 부사절 형태

- 접속사 종류 : so~(that), such~that

He studied hard <u>so (that)</u> he became a good teacher.

8. 방법을 표현하는 부사절 형태

- 접속사 종류 : as, as if

He goes to school <u>as</u> you know.

He worked <u>as if</u> he were drunk.

〈바람직한 어순으로 배열하기〉

Type 1. 시간을 표현하는 부사절 형태

① 나는 그가 버스에서 내리고 있을 때 그를 보았다.
  (see / as / get off)

② 지난 번 그를 보았을 때 그는 부산에 살고 있었다.

(When / see / live)

③ 집에 가기 전에 나는 나의 일을 마쳐야 한다.

(finish / before)

④ 그는 졸업을 하자마자 사업을 시작했다.

(as soon as / graduate / business)

Type 2. 장소를 표현하는 부사절 형태

① 그들은 그들이 일을 찾을 수 있는 곳이라면 어디든지 갔다.

(wherever / go / find work)

② 그는 그가 태어난 곳에서 산다.

(where / be born)

③ 나는 그가 살고 있는 부근에서 그의 동생을 만났다.

(meet / near / where / live)

Type 3. 이유를 표현하는 부사절 형태

① 그는 열심히 일해서 성공했다.

(because / work / succeed)

② 이제 나는 어른이니까, 나는 달리 생각한다.

(now that / a man / otherwise)

③ 나는 아파서 안가겠습니다.

(as / ill / go)

Type 4. 조건을 표현하는 부사절 형태

① 만일 그가 온다면 나는 그를 만나겠다.

(if / come / meet)

② 당신이 조용하게 있는 한 당신은 이곳에 머물러도 좋다.

(stay / so long as / keep quiet)

③ 당신이 더 열심히 일하지 않으면, 당신은 실패할 것이다.

(unless / hard / fail)

Type 5. 양보를 표현하는 부사절 형태

① 그가 부자라 할지라도 나는 부러워하지 않는다.

   (even if / envy / him)

② 비록 나는 그 말을 이해하지 못했을지라도 나는 그를 믿는다.

   (even though / understand the words / trust)

③ 당신이 그것을 좋아하던 말던 당신은 그것을 해야만 한다.

   (whether or not / like / must)

Type 6. 목적을 표현하는 부사절 형태

① 나는 그가 내 말을 알아들으라고 천천히 말했다..

   (so that / might / understand me)

② 나는 그 비밀이 드러나지 않도록 아무 말도 안했다.

   (say nothing / in case / secret / be found)

Type 7. 결과를 표현하는 부사절 형태

① 나는 배가 고파서 걸을 수 없다.

  (so ~ that / can not)

② 이것은 좋은 책이므로 우리는 그것을 읽어야 한다.

  (such ~ that / must)

Type 8. 방법을 표현하는 부사절 형태

① 당신이 말한 대로 그것을 하라.

  (do / as / tell me)

② 그녀는 천사처럼 아름답게 보인다.

  (look / as if / were /angel)

답안지

[p.85]

1. He studies at New York.

2. Matheamtics is essential to enter the college.

3. Jane's mother surprised Jane.

4. Exercise is is essential for our healthy life.

5. Jane went to a theater to see a movie.

[p.86]

1. Difficulty

2. Appearance

3. Endurance

4. Diligence

5. Graduation

[p.89상]

● 프랑스어를 공부하다 - 프랑스어를 공부하는 것

● 고향을 떠나다 - 고향을 떠나는 것

● 카드를 받다 - 카드를 받는 것

● 그림을 그리다 - 그림을 그리는 것

[p.89하]

- 부지런한 / 부지런하다 / 부지런한 것
- 불행한 / 불행하다 / 불행한 것
- 위험한 / 위험하다 / 위험한 것
- 교수 / 교수이다 / 교수라는 것
- 가수 / 가수이다 / 가수라는 것

[p.90중]

1. Doing is succeeding.
2. Sleeping is different from resting.
3. Learning a chinese should be different from teaching a Japanese.
4. Being successful does not mean being happy.
5. Freshman is different from professor.
   Being freshman is different from being a professor.
6. Wearing a mask prevents from infection.
7. Delighting our parents is our hope.
8. Doing without thinking may be foolish.
9. Lacking common sense will be a small stumbling block for your future.
10. Watching close a smart phone may harm your eyes.

[p.93중]

- That we leave Seoul is true.

[p.94중]

1. a. 그녀는 유명한 예술가다.

b. 그녀가 유명한 예술가라는 것이 널리 알려져 있다.

2. a. 탐은 그 시험에 떨어졌다.

b. 탐이 그 시험에 떨어졌다는 것은 놀랄만하다.

3. a. 화성은 폭발에 의해 형성되었다.

b. 화성인 폭발에 의해 형성되었다는 것은 사실이 아니다.

4. a. 인생의 본질은 행복이다.

b. 인생의 본질이 행복이라는 것은 사실이다.

5. a. 제인은 태도를 바꿨다.

b. 제인이 태도를 바꿨다는 것이 공개 될 거다.

6. a. 너의 목표는 위대한 예술가가 되는 거다.

b. 너의 목표가 위대한 예술가가 되는 거라는 것은 명확하다.

7. a. 제인은 성공하기에 충분한 시간이 없다.

b. 제인이 성공하기에 충분한 시간이 없다는 것은 모호하다.

8. a. 대부분의 책은 순수한 감정을 내포하고 있다.

b. 대부분의 책이 순수한 감정을 내포하고 있다는 것은 명확하다.

9. a. 성실함이 성공에 가장 중요한 요소다.

b. 성실함이 성공에 가장 중요한 요소라는 것은 공정하다.

10. a. 왼손잡이가 더 창의적이다.

b. 왼손잡이가 더 창의적이라는 것은 상식이다.

[p.96중]

1. a. He hates her.

b. That he hates her is not true.

2. a. He teaches english on the on-line.

b. That he teaches english on the on-line.

3. a. She left him.

b. That she left him makes him disappointed.

4. a. It rains cats and dogs.

   b. That it will rain cats and dogs was broadcast.

5. a. They had lunch at an Italy restaurant in Busan.

   b. That they had lunch at an Italy restaurant in Busan is just wild guess.

[p.97중]

1. Diligence is essential in social life.

  Being diligent is essential in social life.

  That you are diligent is essential in social life.

2. Patience in life is a great factor for success.

  Being patient in life is a great factor for success.

  That you are patient in life is a great factor for success.

3. Early wake up is helpful to the regular life.

  Early waking up is helpful to the regular life.

  That you wake up early is helpful to the regular life.

[p.104중]

1. 그녀가 무엇을 보낼 것이라는 것이~

2. 그가 누구라는 것이~

3. 무엇을 받았냐는 것이~

4. 그녀가 무엇을 받았어야 했는지가 ~

5. 당신이 야채와 과일 중에 어떤 것을 선택했는지가 ~

6. 우리를 희망차게 하는 것은~

7. 우리가 살기위해 필요한 것은~

8. 그들이 좋아할 필요가 있는 것은~

9. 이 요소들이 그들에게 설명하는 것은~

10. 그 주자가 넘어지지 말지가~

11. 그가 이해하지 못한 것이 그런 비극을 초래했다는 것이다.

[p.105중]

1. What you can give up depends on your decision.

2. What I consider now is what you try to steal.

3. What you remember is what comes from past.

4. It does not matter who he is. She does not even need to know what he will do.

5. Whether I can work with you will have a significant impact on your career.

6. What you remember will be recorded in this diary.

7. What is expensive is not the best choice. Buy what you need.

8. What erases the memories that your lover gives you means what breaks the covenant.

[p.107상]

1. a. 어떤 선수가 게임에서 이겼는지는 당장 중요하지 않다.

   b. 누가 그 게임에서 이겼는지는 당장 중요하지 않다.

2. a. 어떤 서명이 책에 쓰여졌느냐가 매우 중요하다.

   b. 책에 쓰여진 것이 매우 중요하다.

3. a. 학생들을 위해 당신이 무슨 과목을 선택하느냐가 그들의 미래를 결정할 수 있다.

   b. 학생들을 위해 당신이 선택하는 것이 그들의 미래를 결정할 수 있다.

4. a. 가까운 미래에 어떤 사건이 일어날지는 우리의 예상 밖이다.

b.가까운 미래에 발생하는 것은 우리의 예상 밖이다.

5. a.누구의 자전거가 수리를 하려고 보내졌는지가 우리의 문제다.

b.자전거 한 대가 수리를 하려고 보내졌다.

[p.108상]

1. What material your house in will be built~

2. Which cafe will serve the best beverage~

3. What kind of dessert you will eat~

4. Which alternatives written beforehand the writer will choose ~

5. What way you tackled the issue in ~

[p.109하]

1. a. 내가 열심히 공부한 방법은~

b. 내가 얼마나 열심히 공부하는가는~

2. 언제 전화 회의가 끝날 것인지는~

3. a. 우리가 이 컴퓨터를 고칠 수 있는 방법은~

b. 얼마나 효과적으로 우리가 에너지를 절약 할 수 있는지는~

4. 우리가 이 제품들을 프랑스에 수출했던 이유는~

5. 내가 갈지 말지는~

6. 내가 언제 그 장소에 소풍갈지는~

7. 그들이 왜 동반자로 채택됐는지는~

8. 얼마나 많이 해로운 고기가 섭취됐는지는~

[p.110하]

1. Who enter the company will be decided by the HR head.

2. Whether we take part in the meeting is secret.

3. Who sent the present to where is not clear.

4. Which fighter won the game is not clear right now.

5. If we know whose file this is, we will send it to the company in the city.

[p.112하]

- It is hardly impossible that Jane won the gold medal.
- It is veri significant for employees whether LG will solve the issue or not.
- It is not sure right now how many soldier were killed in the battle.
- It is decided by the government's building code how near two houses stand.

[p.113중]

① It is necessary to inspire the process of choosing fighters in open game as soon as possible.

② It is impossible to remove garbage completely; you can only minimize their quantity.

③ It is important to pick issue before starting your committee.

④ It is significant to find out the root cause of student's problem and find out the best solution.

⑤ Most of us don't know what it is like to run on desert all day long.

⑥ It is possible for you to use your own material and

equipment.

⑦ It is very important that you keep your children away from the smoking area.

⑧ In order to have a picture, it is necessary to draw it and paint it.

⑨ It is impossible to live in desert with only a limited amount of water.

⑩ It is a good idea to go to the company's web site and read all about it before you start filling out the resume.

[p.115상]

Susan met Jane in Seoul to send Tom's message.

It is to send Tom's message that Susan met Jane in Seoul.

[p.115하]

다음 문장들이 가주어, 진주어 구문인지 it is … that 강조구문 인지 구별해 보자.

● It is He that sent the file to the company. → 강조 구문

● It is very significant that we learn Chinese. → 가주어, 진주어 구문

● It is in the garage that we found the toy. → 강조 구문

[p.123]

① A book (writing / written) by famous author
절로 A book that was written by famous author

② An office (rebuilding / rebuilt) ten years ago
절로 An office that was rebuilt ten years ago

③ People (applying / applied) for LG
　절로 People who are applying for LG
④ People (studying / studied) Chinese
　절로 People who are studying Chinese
⑤ A pot of milk (delivering / delivered) in the office
　절로 A pot of milk that is delivered in the office
⑥ A purse (stealing / stolen) by a thief
　절로 A purse that is stolen by a thief
⑦ A picture (painting / painted) by skilled artists
　절로 A picture that is painted by skilled artists
⑧ A bird (shooting / shot) to death
　절로 A bird that is shot to death
⑨ A book (writing / written) in Japanese
　절로 A book that was written in Japanese
⑩ A computer (repairing / repaired) by a service man
　절로 A computer that was repaired by a service man

[p.124하]

① A student (disappointing / disappointed) with the result of the examination
　절로 A student who was disappointed with the result of the examination
② People (surviving / survived) in the battle
　절로 People who were survived in the battle
③ People (taking / taken) a big lesson
　절로 People who are taking a big lesson

[p.125중]

① A student (disappointing / disappointed) with the result of the examination

절로 A student who were disappointed with the result of the examination

② People (killing / killed) in the battle

절로 People who were killed in the battle

③ People (taking / taken) a big lesson

절로 People who are taking a big lesson

④ An employee (sending / sent) to this company this week

절로 An employee who is sent to this company this week

⑤ An employee (sending / sent) a file to this company this week

절로 An employee who is ending a file to this company this week

⑥ An event (delivering / delivered) a present

절로 An event that is delivering a present

⑦ A present (delivering / delivered) within a box

절로 A present that is delivered within a box

⑧ The (existing /existed) God

절로 The God who is existing

⑨ Employees (remained / remaining) in the office.

절로 Employees who are remaining in the office.

⑩ Several students (promoting / promoted) to a upper level

절로 Several students who are promoting to a upper level

[p.127]

① Relatives (served) 필요 없음

　　절로 Relatives who were served

② Waitress (serving) 필요함

　　절로 Waitress who are serving

③ Employees (sending) 필요함

　　절로 Employees who are sending

④ Employees (sent) 필요 없음

　　절로 Employees who were sent

⑤ Some neighbors (living)

　　절로 Some neighbors who are living

⑥ Some candidates (speaking) 필요함

　　절로Some candidates who are speaking

⑦ Some clue (existing) 필요함

　　절로 Some clue that is existing

⑧ Some equipments (sending) 필요함

　　절로 Some equipments that is sending

⑨ Students (learning) 필요함

　　절로 Students who are learning

⑩ Some authors (arriving) 필요함

　　절로 Some authors who are arriving

[P.53~54]

① 구 : People living in Tokyo have a high rental cost.

　　절 : People who are living in Tokyo have a high rental cost.

② 구 : Employees remaining at the company will have a review time.

절 : Employees who are remaining at the company will have a review time.

③ 구 : All plants existing at the Earth can live without water.

절 : All plants that are existing at the Earth can live without water.

④ 구 : I will quit the job taking care of baby.

절 : I will quit the job that is taking care of baby.

⑤ 구 : The game items purchased on the internet will be stored in the notebook.

절 : The game items that were purchased on the internet will be stored in the notebook.

⑥ 구 : People disappointed with new policy will elect new CEO.

절 : People who are disappointed with new policy will elect new CEO.

⑦ 구 : Researchers making new product refer to many cases written by James.

절 : Researchers who are making new product refer to many cases written by James.

⑧ 구 : It is true that people speaking Chinese will get a better job.

절 : It is true that people who are speaking Chinese will get a better job.

⑨ 구 : It is your job helping move the books from the warehouse to the hallway on the third floor.

절 : It is your job that is helping move the books from the warehouse to the hallway on the third floor.

[p.139중]

① Many of life's successes are <u>people</u> ⟨who did not realize how close they we are to fail when they gave up⟩.
인생의 성공 중 많은 사람들이 포기했을 때 우리가 얼마나 실패에 가까웠는지 깨닫지 못했습니다.

② Teachers look <u>students</u> ⟨who help each other, take pride in their subject, and revive a pleasant studying circumstance⟩.
교사들은 서로 돕고, 자신의 과목에 자부심을 느끼며, 즐거운 공부 환경을 되살리는 학생들을 바라본다.

③ Never go to <u>a restaurant</u> ⟨of which toilet basements were dirty⟩.
화장실 바닥이 더러운 식당에 가지 마라.

[p.141하]

① In my old catalogues are some of the presents that I will never forget.

② This is the hotel where we stayed for a week.

③ Summer is the season when people begin to swim on the beach.

④ Winter is the season that he like best.

⑤ This is the new method in which we learn Chinese easily.

[p.150상]

① My hobby is (reading) books.

② My dream is (being a great singer).

③ Apple's global strategy is (alleviating) I-phone carriers' prides around the world.

④ Our outcome is (increasing) its sales in China at the end of the month.

[p.150하]

① 나의 목표는/ 고득점을 얻는 것/ 그 시험에서.

(my aim = to get a high score on the examination)

② 나의 희망은/ 이 나라에서 사는 것/ 50살에

(my hope = to live in this country at the age of 50)

③ 우리의 제안은 / 서울 도심에서 시위를 멈추는 것

(our decision = to stop the demo on the seoul city)

[p.151중]

① Reading is studying.

② Our aim is to buy our competitor on December.

③ The goal of LG is to increase sales volume of refrigerator in Canada.

④ We know well that your aim is to make your child enter Seoul university

⑤ We came to know that your hobby is collecting ceramic made in China.

[p.153중]

① Our hope is that we know how we could solve this problem.

② Our question is why Jane didn't send the email in time for our event.

③ Our estimation is when the price of oil will rise in the

third quarter of next year.

④ Our question is why we need to read english newspaper well.

⑤ The purpose of the broadcast system is that we will deliver the news of the people.

[p.154중]

① Their issue is that they don't have enough time.
그들의 문제는 시간이 충분하지 않다는 것이다.

② Their issue is that they do not do their best to perform their duties to protect their nation.
그들의 문제는 그들이 나라를 지키기 위해 최선을 다하지 않는다는 것이다.

③ The affirmative point is that we have enough money to care for our children.
긍정적인 점은 우리가 아이들을 돌볼 수 있는 충분한 돈이 있다는 것이다.

[p.155상]

① The most significant thing is how you tackled the issue.
당신이 어떻게 그 문제를 해결할 것인지

② The most important point is when we should export products to China to make the biggest revenue.
우리가 엄청난 수익을 내기 위해 언제 제품을 수출할 것인지

③ The issue is how fast our partner can deliver our goods to clients.
얼마나 신속하게 우리 협력사들이 우리 제품을 고객들에 배송할

수 있는지

[p.155중]

① My aim for next year is to write and speak in Chinese.

② It is nervous that you do not know what you should study.

③ What makes me delightful is living with good friends like you.

④ It is one of his worries that he does not know how hard they should study.

⑤ It is my job to help our people live more healthy and comfortable (than before).

[p.158중]

● People worried about this issue. 그 문제에 걱정하는 사람들

● People are worried about this issue. 사람들이 그 문제에 걱정하다

● People poor at speaking French. 영어 말하기에 미숙한 사람들

● People are poor at speaking French. 사람들은 영어 말하기에 미숙하다

● People dissatisfied with their career. 그들의 경력에 불만족하는 사람들

● People are dissatisfied with their career. 그들은 그들의 경력에 불만이다.

● People willing to start up business for their family. 비즈니스를 시작하려는 사람들

● People are willing to start up business for their family. 사람들은 비즈니스를 시작하려 한다

● People fond of music. 음악을 좋아하는 사람들
● People are fond of music. 사람들은 음악을 좋아한다.

[p.159하]

● A person in office A is from London.
  사무실 A에 있는 한 사람
● A person is dancing in hall A.
  한 사람이 A 홀에서 춤추고 있다
● A person in attendance at the seminar.
  그 세미나에 참석한 한 사람
● A person is in attendance at the seminar.
  한 사람이 그 세미나에 참석한다.

[p.160]

① We know well that our effort guarantees our happiness.
② Mr. K is in charge of the sales of the product.
③ Mr. K is very faithful for our happiness.
④ What they want is essential for their children.
⑤ How quickly we learn Chinese depends on where we set
   our aims.
⑥ Many parents are satisfied with their children's outcome.
⑦ After making friends with Linda for 7 years, Joseph finally
   got married.
⑧ Their office is full of unnecessary things.
⑨ Joseph is famous for his English fluency.
⑩ They are in need of our care.

[p.162상]

'수동 형용사'의 의미로 해석

● 때리다 : 맞은(누군가에 의해)

● 말하다 : 언급된(누군가에 의해)

● 만족시키다 : 만족한(누군가에 의해)

● 사랑하다 : 사랑을 받은(누군가에 의해)

● 주다 : 주어진(누군가에 의해)

● 승진시키다 : 승진된(누군가에 의해)

[p.162중]

① a. These people are poor at speaking French.

   b. These people poor at speaking French should review after class.

② a. Our teacher is fond of drawing diagram on the blackboard.

   b. Our teacher fond of reading books usually goes to the bookstore to get a new one.

③ a. We will repair your product if you are dissatisfied,

   b. Clients dissatisfied will be repaired.

[p.166중]

① They are very sorry for what they did yesterday.

   그들이 어제했던 일을

② They are fond of drawing pictures.

   그림 그리는 것을

③ They are sure what they should do to end their task on time.

그 일을 정시에 끝내기 위해 무엇을 해야 하는가를

④ They are sure of his promotion.

그의 승진을

⑤ They are dissatisfied with the outcome of the project.

그 프로젝트의 성과를

⑥ They are disappointed with your attitude.

당신의 태도를

⑦ They are disappointed with what you have done to employees.

당신이 종업원들에게 했던 것을

⑧ Susie was delighted at receiving so many gifts.

그렇게 많은 선물을 받은 것을

[p.167중]

① Susie was delighted with the many gifts.

② Joseph is aware of importance of attitude.

③ They are confident of their promotion.

④ What is perplexing is that the writers are ignorant of their reality.

⑤ What disappoints people is that company is not sensitive to their requirements.

⑥ The results of this project is indicative of the reality of people living in Tokyo.

⑦ Most of them are very resistant to the idea of demonstration.

⑧ What he said makes us hopeful for a brighter prospect.

⑨ He said he was still enthusiastic for victory.

⑩ He is afraid of losing the game.

[p.169상]

① 그는 제 시간에 고객에게 이메일을 보낼 준비가 되어 있습니다.

② 당신은 자녀를 가르칠 책임이 있습니다.

③ 그들은 누구나 자신의 인생에서 그러한 성공을 거둘 수 있다고 기꺼이 믿습니다.

예외) 감정의 말 + to do 처리 방법

● 시험에 합격하셨다니 기쁩니다.

● 그는 그녀가 3년 전에 이혼했다는 소식을 듣고 충격을 받았다.

● 그녀는 도움 없이 오디션에 합격한 행운아입니다.

[p.170중]

① He is ready to send email to his client on time.
그는 제 시간에 고객에게 이메일을 보낼 준비가 되어 있습니다.

② You should be responsible to teach your children.
자녀를 가르칠 책임이 있습니다.

예외) 감정의 말 + to do 처리 방법

● I am sad to hear that you failed to pass the exam.
당신이 시험에 통과하지 못했다는 소식을 듣고 유감입니다.

● I was shocked to hear that you moved out.
이사를 가셨다는 소식을 듣고 깜짝 놀랐습니다.

● You are lucky to pass the exam without any effort.
아무 노력 없이 시험에 합격한 것은 행운입니다.

[p.171상]

① I'm ready to take a lot of auditions.

② I am eager to do my best.

③ We are reluctant to invest resources in the project to revive his company.

④ Employees out of the office are responsible for providing after-sales service.

⑤ I was very satisfied to hear that you passed the exam.

[p.172중]

① We were surprised that he won the gold medal in the olympic game.

② I was surprised that he won the gold medal in the olympic game.

③ He is satisfied with the outcome of your project.

④ He is satisfied that his child got a best score on the exam.

⑤ I am happy that you performed for our institute last year.

⑥ The navigator is indicative that you can go to the place in right way.

[p.174]

① I am happy that I have an opportunity to work with you.
당신과 함께 일할 수 있는 기회를 갖게 되어 기쁩니다.

② Many people are concerned that sales outcome is more important than effort.
많은 사람들은 노력보다 판매 결과가 더 중요하다고 우려합니다.

③ We are not sure what we need to speak Chinese well.
우리는 중국어를 잘하기 위해 무엇이 필요한지 잘 모릅니다.

④ He will become aware that she is a supreme person with

her own ideas and portfolios.

그는 그녀가 자신의 아이디어와 포트폴리오를 가진 최고의 사람이라는 것을 알게 될 것입니다.

⑤ He was embarrassed that he just sat down without knowing where to go.

그는 어디로 가야할지 몰라서 그냥 앉았다는 것이 부끄러웠다.

⑥ They are unfamiliar with the problems which we are solving.

그들은 우리가 해결하는 문제에 익숙하지 않습니다.

⑦ People studying hard are always confident that every subject will be mastered.

열심히 공부하는 사람들은 모든 과목이 마스터될 것이라고 항상 자신합니다.

[p.175]

① 사람들은 그 대책이 안전하다는 것에 만족합니다.

People are satisfied that the alternatives are safe.

② 사람들은 그 정책의 명확함에 만족합니다.

People are satisfied with the clarity of the policy.

③ 그는 그녀의 진급을 확신합니다.

He is sure of her promotion.

④ 그들은 당신이 진급하실 것을 확신합니다.

They're sure of your promotion.

⑤ 나는 당신이 탁월한 매출 기록을 올린 것이 기쁩니다.

I am happy that you have a good sales record.

⑥ 그는 그 여자 친구가 똑똑하다는 것을 자랑스러워합니다.

He's proud that his girlfriend is smart.

⑦ 나는 내 여자 친구의 똑똑함을 자랑스러워합니다.

I'm proud of my girlfriend's cleverness.

⑧ 그들이 그녀의 현재 태도에 만족한다는 것을 그녀는 알아야 합니다.

She should be aware that they are happy with her current attitude.

[p.179중]

① 그는 지난 7년 동안 뉴욕 살았어요.

He has lived in New York for the past 7 years.

② 그 점원이 매장에서 사라진 후에 그의 매니저는 고객들에게 사과했다.

After the clerk disappeared from the store, his manager apologized to the customers.

③ 이 VOD를 본 후에 여러분들의 느낌을 표현하세요.

Express your feelings after watching this VOD.

④ Tommy가 그녀를 기다리는 동안에 그는 집에 머물렀다.

He stayed at home while Tommy waited for her.

⑤ 우리의 제품을 사용하기 전에 당신은 제품 키트를 읽어야 합니다.

Before using our products you should read the product kit.

⑥ 당신은 그 제품과 관련된 이슈를 조심스럽게 조사해야 합니다.

You should carefully investigate issues with the product.

⑦ 음식물 쓰레기를 절대 버리지 마세요.

Never dispose of food waste away.

⑧ 뉴욕에 도착하자마자 , 죠셉은 그의 친척에게 전화를 했다.

As soon as he arrives in New York, Joseph made a phone

call to his relatives.

⑨ 우리는 세미나가 끝난 후에 언제 우리가 그의 사무실로 샘플 박스를 보낼 것인가에 대해 토론할 것이다.

We will talk about when we will send the sample box to his office after the seminar.

[p.181상]

● Please inform them of any chances in his surroundings.
그의 주변에 어떤 기회가 있는지 알려주십시오.

● His accident reminds us just how harmful using drunk driving can be.
그의 사고는 음주 운전이 얼마나 해로운지를 일깨워줍니다.

● In the event of lack of money, you must notify the investor within a week that you go bankrupt.
자금이 부족할 경우 파산을 일주일 이내에 투자자에게 알려야 합니다.

[p.181중]

① 조셉은 린다가 바로 지금 입원해야 한다고 조언합니다.
Joseph advises Linda to be hospitalized right now.

② 그들의 다음 모임은 10월 27일이라고 당신에게 다시 알려 드릴게요.
Let me inform you again that their next meeting is on October 27th.

③ 변호사들은 고객들에게 그 조치를 일주일 단위로 다시 적용해야 한다고 조언한다.
Lawyers advise clients that the measure should be

reapplied on a weekly basis.

④ 당신이 그에게 무엇이 핵심인가를 말하지 않으면 그는 당신을 도울 수 없습니다.

He can't help you unless you tell him what's the key point.

⑤ 그는 사람들에게 회사가 상당히 진보적이다는 것을 확신시키기를 원합니다.

He would like to assure people that the company is quite progressive.

[p.185]

① They plan to reduce our business areas in West Europe.

② They hope to solve the problems to some of these affairs.

③ We don't know how long it will take to end the project in Japan.

④ They did not mind being lost by the competitor at their own game.

⑤ A Germany company offered to advise basic level stockholder by sending its manager.

⑥ They hope that global gurus can agree to protect investors from business risk.

⑦ Experts suggest taking actions beforehand to prevent accident on the road.

⑧ The suggestions include decreasing the cost on raw material.

⑨ We determined to postpone the business trip until COVID-19 were more weakened.

⑩ I would like to propose to put on something more thin for

hot weather like this.

[p.186하]

① 나는 출장갈 때 비밀번호 바꾸는 것을 잊었다.

I forgot to change my password when I went on a biz trip.

② 그는 저녁에 가게를 닫아야 한다는 것을 기억하고 있다.

He remembers having to close the store at night .

③ 제니는 어떻게 에세이를 쓰는가를 배우고 난 다음에 유학가는 것을 결정했다.

After learning how to write an essay, Jenny decided to go to study abroad.

④ 우리는 사업을 시작하기 전에 계좌를 개설하는 것을 고려해야 합니다.

We should consider opening an account before starting up a business.

⑤ 중국어 글쓰기를 배우기 전에 많은 문장을 읽어보는 것을 추천합니다.

It is suggested to read many sentences before learning to write Chinese.

⑥ Joseph은 그 프로젝트에 가담했다는 것을 부인합니다.

Joseph denies being indulged in the project.

⑦ 회사 리더들은 그들의 직원들을 유럽으로 보내는 것을 제안합니다.

Company leaders offer to send their employees to Europe.

⑧ 나는 그녀를 제외한 어떤 사람과도 나의 어린 시절에 대해서 회고하는 것을 거절합니다.

I refuse to retrospect on my childhood with anyone but her.

⑨ 당신은 혼자 영화 보는 것을 즐기십니까?

Do you enjoy watching movies alone?

⑩ 그는 그녀를 1년 전에 마주쳤던 것을 기억합니다.

He remembers encountering her a year ago.

⑪ 그는 그녀를 미팅 후에 만날 것을 기억하고 있습니다.

He remembers meeting her after holding a meeting.

[p.195]

① 그녀는 맨손 체조를 하면서 유튜브를 본다

She watches YouTube while doing freehand exercises.

② 그 작가는 보통 음악을 들으면서 글을 쓴다.

The writer usually writes while listening to music.

③ 네이버 지도를 보면서, 그 집을 찾았다.

Watching Naver maps, I looked for the house.

④ 땀을 닦으며 그녀는 청소하고 있었다.

Wiping her sweat, she was cleaning the house.

⑤ 노래를 부르면서 그녀는 운동하고 있었다.

She was doing exercise while singing a song.

⑥ 그 여자는 무대에 서서 발표를 했다.

The woman stood on stage, making a presentation.

⑦ 나는 매뉴얼을 참고하면서 그 문제를 풀었다.

I solved the problem by referring to the manual.

[p.195]

① 나는 긴 스커트를 입어서 오늘 몹시 덥다

I'm wearing a long skirt, so it's very hot today.

② 너무 피곤해서 바로 잠자리에 들었다.

I felt so tired, going straight to bed right away.

③ 음식을 너무 많이 먹어서 그는 살이 많이 쪘다.

He ate so much food, gaining a lot of weight.

④ 배가 아파서 약을 먹었다.

I had a stomach ache, taking medicine.

⑤ 할 일이 너무 많아서 산책 할 시간이 없다.

I have so much to do, having no time to go for a walk.

[p.197]

① 비행기로 가면 너는 어둡기 전에 그곳에 도착할 것이다.

Going by air plane, you will get there before it gets dark.

② 밝은 옷을 입으면 그는 더 어려 보일 것이다.

Wearing bright clothes, he will look younger.

③ TV를 켜면 최신 드라마를 볼 수 있을 것이다.

Turning on the TV, you will be able to watch the latest dramas.

④ 매일 일기를 쓰면, 책을 쓸 수 있을 것이다.

Keeping a diary every day, you will be able to write a book.

⑤ 매일 한 시간씩 걸으면 더 건강해 질 것이다.

Walking for an hour every day, you will be healthier.

⑥ 10분간 저으면, 그 음식을 먹을 수 있다.

After 10 minutes of stirring, the food is ready to eat.

⑦ 복권에 당첨되면 그 일을 그만 둘 것이다.

Wining the lottery, I will quit the job.

[p.198중]

① 이웃에 살고 있으면서도 나는 그녀를 거의 못 본다.

Living next door, I seldom see her.

② 가난한 집에 태어났지만 대통령이 되었다.

Born into a poor family, he became president.

[p.200상]

① 질문 받을 때까지 나는 말하지 않겠다.

I won't speak until asked.

② 다리를 다쳐서 그는 걸을 수 없다.

Wounded in the legs, so he can't walk.

③ 멀리서 보면 그것은 마치 사람 얼굴 같다

Seen from a distance, it looks like a human face

[p.204]

① 나는 그가 버스에서 내리고 있을 때 그를 보았다.

I saw him as he got off the bus.

② 지난 번 그를 보았을 때 그는 부산에 살고 있었다.

When I saw him last time, he was living in Busan.

③ 집에 가기 전에 나는 나의 일을 마쳐야 한다.

Before I go home, I have to finish my work.

④ 그는 졸업을 하자마자 사업을 시작했다.

He started his own business as soon as he graduated.

[p.205중]

① 그들은 그들이 일을 찾을 수 있는 곳이라면 어디든지 갔다.

They went wherever they could find work.

② 그는 그가 태어난 곳에서 산다.

He lives where he was born.

③ 나는 그가 살고 있는 부근에서 그의 동생을 만났다.

I met his brother near the place where he lives.

[p.206상]
① 그는 열심히 일해서 성공했다.
Because he worked hard, he succeeded.
② 이제 나는 어른이니까, 나는 달리 생각한다.
Now that I'm a man, I think otherwise.
③ 나는 아파서 안가겠습니다.
As I'm sick, I'm not going.

[p.206중]
① 만일 그가 온다면 나는 그를 만나겠다.
If he comes, I will meet him.
② 당신이 조용하게 있는 한 당신은 이곳에 머물러도 좋다.
You may stay here as long as you keep quiet.
③ 당신이 더 열심히 일하지 않으면, 당신은 실패할 것이다.
Unless you work harder, you will fail.

[p.207상]
① 그가 부자라 할지라도 나는 부러워하지 않는다.
Even if he is rich, I do not envy him.
② 비록 나는 그 말을 이해하지 못했을지라도 나는 그를 믿는다.
Even though I didn't understand the words, I trust him.
③ 당신이 그것을 좋아하던 말던 당신은 그것을 해야만 한다.
Whether you like it or not, you must do it.

[p.207하]

① 나는 그가 내 말을 알아들으라고 천천히 말했다.

I slowly told him so that he might understand me.

② 나는 그 비밀이 드러나지 않도록 아무 말도 안했다.

I say nothing in case the secret from being found.

[p.208상]

① 나는 배가 고파서 걸을 수 없다.

I'm so hungry that I can't walk .

② 이것은 좋은 책이므로 우리는 그것을 읽어야 한다.

This is such a good book that we must read it.

[p.208하]

① 당신이 말한 대로 그것을 하라.

Do it as you told me.

② 그녀는 천사처럼 아름답게 보인다.

She looks as if she were like an angel.